朝日新書
Asahi Shinsho 791

教員という仕事

なぜ「ブラック化」したのか

朝比奈なを

朝日新聞出版

はじめに

新型コロナウイルスの感染拡大は、全国の教員を今まで以上に多忙にしている。

一斉休校中も教員は休んでいたわけではない。オンライン対応がなかなか進まず批判された公立の小中高の教員も生徒の学習を止めない工夫をしていた。家庭学習用に大量の教材を準備し、課題回収も兼ねて家庭訪問を行った。感染者が少ない地域では、分散登校で課題の解答や解説を聞く時間を設ける、保護者が仕事で不在の間、低学年児童のために校舎を開放するという努力をした。児童・生徒の安否確認のために、最低でも3日に一度の家庭連絡を教員は欠かしていなかった。

例年、児童・生徒と一緒に行う年度末・年度初めの教室等の片付けやごみ処理、清掃等は全て、教員が徹底して行った。学校再開の時期が変更されるたびに年間行事予定を新しく作り替え、利用するはずだった学校外の施設・組織と改めて連絡・調整もした。

学校再開後にはさらに業務が増えた。予想される子どもたちの心の変化への対応マニュアルと変化を見逃さないためのチェックシートが教員に配られ、毎朝の健康観察はより詳細になった。教室内の机や椅子、教室全体の除菌・清掃は必須となり、給食の盛りつけ・配膳、無言で食べるようにする指導、床に落ちたものを拾うのも教員の仕事とされている。

コロナ禍での教員の負担増は2020年8月にNPO法人「教育改革2020『共育の杜』」が発表したインターネット調査からも明らかだ。同法人ホームページによれば、調査は今年7月に実施されたが、その時点で2020年の1月から2月と比較して平日の校内勤務時間が長くなっていると答えた教員が59%となっている。

休校中の学習の遅れを取り戻したいとの焦りも強く、授業進度はどうしても速くなる。近年、学力向上のために学習内容が難しくなり、授業についていけない子どもが増えているので、学習理解度への目配りも欠かせない。

新しい学習指導要領で謳《うた》われている主体的学習を実現するためグループ学習等を各学校では積極的に取り入れていたが、ソーシャルディスタンスを取れば、これらはほぼ不可能になる。感染予防に極端に気を遣う子どもや保護者は、同じ用紙や黒板などを他人と一緒に使うことにも嫌悪感を示すようになった。

勉強の遅れを取り戻すという義務感から、各学校では7時間授業や土曜補習を始め、夏季休暇も短縮された。公立高校では、就職や進学の日程との関係で夏季休暇が非常に短くなり、最短は4日間とニュースでも報じられた。

新型コロナにより多忙を極めている人々として、医療関係者、介護関係者、保育関係者などが挙げられるが、間違いなく教員もその一角を占めている。「教育崩壊」にならないよう日々、学校で彼らは精力的に児童・生徒と直に向き合っているのだ。

近年、教員は非常に多忙で長時間労働が当たり前の典型的な「ブラック」職業と広く認知されている。文部科学省でも2017年12月に「学校における働き方改革に関する緊急対策」を公表し、改革を推進しようとしている。

しかし、現在、教員は先述のように業務が追加され、「働き方改革」は頓挫《とんざ》、少しやわらかに表現すれば一時中断しているかに見える。新型コロナウイルスという未曽有《みぞう》の困難の前には、教員の自己犠牲はやむを得ないのだろうか。

一方で、長期にわたる休校は、改めて学校や教員の社会的意義を日本社会に再認識させもした。学校という場で子どもたちに長時間かつ多岐にわたる指導をしているからこそ、保護者の労働が成り立つことに保護者や経済界は気づき始めた。

子どもに保護者が勉強を教える時間も増え、改めて教員の指導力と存在のありがたさを実感したという声もあった。2020年5月に朝日新聞「声」欄に掲載された小学3年の息子を持つ、医師の母が寄せた意見は、その代表的なものだろう。

「今まで知らなかったが、授業内容を理解させる大変さと言ったら手術の比じゃない。学校で先生の声に耳を傾け、友達と意見交換しつつ学ぶことが何より大切」

（「オンライン授業に小3の息子は」朝日新聞「声」欄　2020年5月12日）

学校や教員の存在価値が社会的に再確認された今こそ、教員という仕事について検討する好機なのではないかと筆者は考える。

教員が直面している最大の問題は、長時間労働を余儀なくさせるほどの仕事量にある。それらは、「教育改革」という名の下、ここ20年間ほどで矢継ぎ早に学校現場へと強制された変化に対応するための仕事が大半を占める。「ゆとり教育」から「学力向上」への転換を基調に、新しい学習指導要領が作成されるたびに、その時点で必要とされた教科・科目の指導、学力や能力、スキルの育成が教員への新たな業務として付け加えられる。

そして、あまり知られていないが、この間には「教員改革」も推し進められている。「教育改革」と「教員改革」の相乗作用で業務が増え、教員は疲弊し、教員集団の変質・変容も生じているのだ。

本書では、主に「教員改革」の動きを概観し、それが教員及び教員集団に与えている影響や、現在、教壇に立つ教員のリアルな姿などを取材から明らかにしていきたい。筆者は「教員改革」によって教員の同質化が起こり、ある種の「ムラ社会」化が進んだと見ている。もちろん、日本人や日本社会の変質も影響しているが、それ以上に、ある一定のタイプの人間を教員にしたい、既に教員になった人を一定のタイプにたわめたいという意図を持つ改革を進めたことが大きな原因だと考える。この詳細を後の章で述べていきたい。

なお、本論で扱う教員は、大学での教職課程を履修・修得して教員免許を取得し、各地の採用試験を経て採用された小学校・中学校・高校の教員に限る。幼稚園教諭も免許所有が求められるが、義務教育以前の段階に関しては筆者の能力に余るので割愛する。また、大学、専門学校等の教員には教員免許を持っていない人も多く、高校以前の学校段階とは明らかに採用の基準が異なる。そのため、大学教員等についても本論では触れていない。

さらに、文部科学省が定めた教員研修制度等は公立学校教員には強い拘束力を持つが、私立学校教員は必ずしもそれに従わなくてもよい。この点を考えて、本書で扱う学校は公立学校に限定した。

取材に応じてくださった現役教員、退職教員の方々には心からお礼を申し上げたい。率直に実情を語ってくれた方々に迷惑がかからぬように本書では仮名を使用することとした。

以上の諸点を、あらかじめお断りしておく。

教員という仕事

なぜ「ブラック化」したのか

目次

第3章　不信が出発点の「教員改革」　59

第4章　「求める教員」像とは　69

第6章 傍らにいる人の教員観 181

図版／谷口正孝

第1章

問題山積みの教員の世界

全教員数は約99万人

文部科学省（以下、文科省と略す）の「令和元年度学校基本調査（確定値）」によれば、2019年度の小・中・義務教育学校・高・中等教育学校・特別支援学校の正規教員（常勤の非正規教員も含む）の総数は99万1577人、その内訳を示したものが図表1である。総務省統計局の統計では、2019年10月の日本の総人口は1億2616万7000人なので総人口の約0・8％が従事している職業となる。

現在、教員という仕事は「ブラック」とのイメージが強い。2017年以降、学校における「働き方改革」が進められているが、改善は遅々として進まない。働く側の意識面以上に制度面に問題があるのだが、それらの解決がなかなか難しいからだ。

現状に堪りかねた教員や教育研究者が近年は発信を始めた。現職教員からはインターネット上での発言が相次ぎ、研究者では教育社会学の内田良氏、学校運営に詳しい妹尾昌俊氏、教育法・行政学の髙橋哲氏、心理学の諸富祥彦氏他がそれぞれの立場で警鐘を鳴らしている。

教員が直面する最大の問題は多すぎる仕事量であり、それが長時間労働、心身の健康問題、教育活動への意欲低下などのさまざまな現象を生み、ひいては教員採用試験の志願者の減少、さらに教員への信頼感の低下をも招いていると断言できる。

現職教員らの言動に押されて法制度の検討も行われ、2019年12月には「公立の義務教育諸学校等の教育職員の給与等に関する特別措置法」、いわゆる「給特法」が改正された。1972年以降、教員の給与は他の公務員の基本給に月額4%の教職調整額が上乗せされている。当時は、優秀な人材を教員として確保する狙いもあったが、近年はこれが残業代の代わりとも捉えられ、長時間の残業に賃金が支払われない元凶と見なされてもいる。今回の改正では、多くの教員が望んでいた残業代支払いは認められず、代わりに「一年単位の変形労働時間制」の導入が決められたた

図表1　教員数(2019年度)

	人数
小学校・国立	1771
小学校・公立	414901
小学校・私立	5263
中学校・国立	1578
中学校・公立	229895
中学校・私立	15352
義務教育学校・国立	142
義務教育学校・公立	3378
義務教育学校・私立	0
高等学校・国立	569
高等学校・公立	168445
高等学校・私立	62305
中等教育学校・国立	194
中等教育学校・公立	1760
中等教育学校・私立	688
特別支援学校・国立	1528
特別支援学校・公立	83507
特別支援学校・私立	301

文科省「令和元年度学校基本調査」より筆者作成

め、学校現場からの反対の声は大きい。

筆者も現職教員の要望に賛同するが、現象面の解決だけではなく、多忙さがなぜ生まれ、何が拍車をかけているのかという点についても考察しなければ、真の意味での「働き方改革」は不可能と考える。本書では多忙さの要因を筆者の視点から考えてみるが、その前に、教員が今、直面している状況について概観する。

教員は本当に忙しい

2016年に文科省が実施した公立小中学校教員の「教員勤務実態調査」の結果は社会に大きな衝撃を与えた。中でも最も注目されたのは、過労死ラインを超える週20時間以上の残業をしている教員は小学校教諭で33・5%、中学校教諭で57・6%に上るという事実だった。この調査では自宅に持ち帰って仕事をする時間は含まれておらず、それを加えれば残業時間はもっと多いと推察できる。

だが、教員の多忙さはこの時期に始まったものではない。先の調査は2006年の調査結果を参照し発展的に行われている。2006年の調査とは、文科省の委託を受けて東京大学とベネッセ教育総合研究所が行った「教員勤務実態調査(小・中学校)」であり、ここでは7月31日から8月27日の約1カ月を除く勤務日において、小学校教諭で1日1時間30分から2時間程度、中学校教諭は2時間10分から30分残業していることが判明した。文科省は月に50時間近くにも及ぶ残業時間に危機感を持ち改善に取り組み始めたとされている。しかしながら、2016年の調査では、学校種、職階の違いを問わず、平日・土日ともに勤務時間は長くなっており、10年間の業務改善の試みは全く功を奏していない。

教育研究家の妹尾昌俊氏の著書『教師崩壊―先生の数が足りない、質も危ない―』(PHP新書)によれば、総務省統計局の「労働力調査」(2016年度)にある他業界の労働時間と比べても、教員は群を抜いて長いという。さらに、日本の中学校教員は世界のどの国よりも圧倒的に長時間労働であるとの教育社会学者の舞田敏彦氏の説を紹介しており、これらの状況から毎年少なくとも6人の教員が過労死していると指摘する。

ベネッセ教育総合研究所「第6回学習指導基本調査DATA BOOK(小学校・中学校版)」(2016年実施)では教員に仕事の量や時間に関する悩みについて尋ねている。最も多い回答が小・中学校では「教材準備の時間が十分にとれない」だが、それに続き「作成しなければならない事務書類が多い」との回答が小学校で約85%、中学校で76%となっている。近年は、学校のあらゆる活動に関して事前・事後に書類仕事が必要となっており、その上、国・教育委員会の調査書類、保護者など外部からのクレーム予防のための書類などが急速に増加している実感があることは、後述する現職教員も異口同音に語ってくれた。最多の回答である「教材準備の時間が十分にとれない」という悩みの原因の一つが、事務書類の多さであると考えても間違いはあるまい。

さらに、同じ調査で「教育行政が学校現場の状況を把握していない」と回答した教員が小学校で78・2％、中学校が74・8％、高校が76・8％とどの学校種でも高くなっている。学校現場に教育行政に対するこれほどの不信感があるのは由々しき問題である。

非常勤の教員がいなければ学校はまわらない

先に文科省の統計で把握された教員数を挙げたが、これは正規教員に常勤の非正規教員を加えた数である。実際には多数の非常勤の教員抜きには学校は立ちゆかない。

非正規教員が増加した理由は主に財政の問題である。公立学校では「義務標準法」（1958年制定）により、児童・生徒数に応じて教員定数を定めており、その定数分の教職員給与の2分の1ずつを国と地方自治体が負担していた。2002年の閣議決定「骨太の方針」により国庫補助負担金改革他が打ち出され、2006年には「義務教育費国庫負担法」が改正されて国の負担を3分の1とすることが定められた。

一方、少子化に悩む地方の学校を救済する目的も含み、「義務標準法」は2001年に改正され、学級編成を弾力化し国の標準を下回る生徒数での学級編成も可能になった。学級数が増加すれば必要な教員数も増えるが、その増加分や産休他に入った正規教員の欠員分を非正規教員で補う方法が多くの教育委員会で取られた。

同時にこの時期は学力向上、個性や能力に応じた指導が始められた頃でもある。少人数指導やティーム・ティーチングを実行するにあたり必要となる教員もほとんどが非正規として雇用された。このような各地の動きの背景には、2004年に義務教育費国庫負担制度に総額裁量制が導入され、額内であれば用途は問わないとなったことがある。

文科省も当初は非常勤教員数についての調査を行っており、その数は2005年には約8万4000人であったが、2011年には約11万2000人となり、全職員の16%を占めたという結果が残っている。しかし、この調査は2011年以降継続されていない。

総務省は2016年に「地方公務員の臨時・非常勤職員に関する実態調査」を行い、同年4月1日時点で全非正規公務員約64万人の内、公立の非正規「教員・講師」は9万2494人で全体の約14・4%となる事実が明らかになった。

これらの調査を見ると、日本の労働市場全体で非正規労働者が増加したことと同調しており、現在も相当数の非常勤教員が存在すると推測できる。

正規・非正規が教員の分断を生む

同じ職場内に異なる労働条件の者が相当数存在することは教員集団の意識を分断する。正規教員の中に「自分は正規であの人は非正規だから」というある種の優越感が生まれるのも否定できない。最大の問題は正規教員と非正規教員との労働条件や待遇面での格差だ。

非正規教員は「採用」ではなく、「任用」される身分で、任期は地方公務員法に基づき事実上1年以内である。そのため契約は常に1年ごとであり、次年度の任用は保証されない。費用削減のために夏季休暇中には解雇し、始業式の日に再び任用する教育委員会もあると聞く。任用期間以外の社会保障費などは自己負担だ。

年ごとの任用では長期的な目標を持って継続的に子どもたちの指導にあたることはできない。また、口外はしなくとも「今年だけの人」という暗黙の了解が他の教員にはある。そうでありながら、担任や部活動顧問を任されることも多い。非正規教員には正規教員を目指す人も多いので、採用に影響力を持つと思われる管理職に良い印象を与えたい気持ちもあり、厳しい条件も呑んでしまうのだ。

保護者や児童・生徒にとっては非正規・正規の区分はなく同じ教員であり、同等の指導を期待される。しかしながら、非正規教員には後に述べる法定研修の機会はほとんどない。研修は必ずしも教員の能力向上に利していないと筆者は見ているが、少なくとも他の教員と情報交換をする機会にはなる。

非正規教員は常勤講師と非常勤講師に二分され、後者の待遇はより悪い。1年間ごとの任用、1時間1600〜3000円程度の時間給で、教材研究や試験や成績処理などに費やした時間は対象にならず実施授業分のみ支払われる労働条件で働いている。交通費が支給されない場合さえある。

定年退職後に年金受給までの期間を非正規教員として働く人もいるが、常勤講師は現役教員と量的にも質的にもほぼ変わらない仕事をこなしながら正規教員の半分強の給与となる。

上述のような待遇のため、非常勤教員の希望者は近年減少している。2019年5月1日時点で、全国の公立小中学校で1241件の「教員の未配置」があったことが明らかになった（『朝日新聞』2019年8月5日付）。

2020年4月、新型コロナ感染防止対策で加わった教員の業務をサポートするために、退職教員に対し学校現場に復帰するようにとの呼びかけが文部科学大臣名でなされた。そして翌月、文科省は、今年度のみの措置として全国の公立小中学校に常勤講師3100名の追加配置、非常勤の学習指導員等約8万人を新たに配置する補正予算案を発表した。

しかし、これを受けた都道府県の教員追加配置申請は、9月上旬時点で予算枠の約60％で、学習指導員等の申請率より低い（『朝日新聞』2020年9月20日付）。先述のように以前から非正規教員の不足が生じていたので、今後も今年度追加分を充足するのは非常に困難だろう。教員経験者は学校現場での非正規の厳しい立場を知り尽くしているからだ。

さまざまな立場の「先生」たちが増えている

教育関係者にはよく知られた言葉に「チーム学校」がある。教育再生実行会議で使われ始め、2015年の中央教育審議会（以下、中教審と略す）の「チームとしての学校の在り方と今後の改善方策について（答申）」で実施が決まった改革の一つである。

この答申はグローバル化や情報化の急速な進展に伴い、社会が大きく変化しているとの現状認識から始まる。それに対応するために「チーム学校」を提唱するが、そこでは新たに2方面の人材が学校に関わることが構想されている。

第一には、「多様な背景を有する人材」で「各々の専門性に応じて、学校運営に参画すること」を推奨している。これに基づき、心理や福祉の専門家、具体的には以前から配置されていたスクールカウンセラー（以下、SCと略す）やスクールソーシャルワーカー（以下、SSWと略す）への期待が大きく、各地で人数や勤務日数の拡大、同種の相談職の配置が行われている。先の答申の前年、2014年8月29日に閣議決定された「子供の貧困対策に関する大綱」で、学校を子どもの貧困対策のプラットホームと位置づけたこともSCやSSWの存在感を増している。

この2職の他、「チーム学校」の構成員として以下のような専門スタッフも想定されている。

ICT（情報通信技術）支援員／英語指導を行う外部人材／外国語指導助手（ALT）
補習などのサポートスタッフ／部活動指導員（仮称）／医療的ケアを行う看護師
特別支援教育支援員／言語聴覚士（ST）／作業療法士（OT）
理学療法士（PT）／就職支援コーディネーター

答申から5年を経た今、これらの専門職の配置状況は地域の経済力や教育にかける熱意によって異なっている。彼らは都道府県や市の雇用で必要性の高い学校に配置され、教員や生徒から「先生」と呼ばれ、教員と協力して活動する。ほぼ全員が非常勤であり教員とは違う勤務時間のため、教員側から見れば必要な時に相談できないジレンマがある。ここにも、異なる働き方の人が教育に関わる難しさがある。

加えて、多岐にわたる専門職と連絡・連携するためには、プラットホームとなる学校に相当の業務増加が考えられるが、その分の増員はなされていない。

先の答申には、学校という場において子どもが成長していく上で、多様な価値観や経験を持った大人と接したり、議論したりすることは、より厚みのある経験を積むことができ、本当の意味での「生きる力」を定着させることができるとの、もう一つの考えが含まれる。これは、保護者や地域住民を巻き込んで学校運営を考えるという学校運営協議会制度、いわゆる「コミュニティ・スクール」構想となり、各地で現在も進行中である。こちらには保護者や地域住民との円滑なコミュニケーションを図るための業務が付随する。

「チーム学校」の考え方自体には教員も異論はないだろう。しかしながら、それを実現するための校内の体制作りや校外の人との交渉という新たな業務が生まれ、それに対する増員があるわけではない。つまり、これも業務増加につながっている。

さらに学校現場では、先の答申に記載された専門家では対処できない新たな業務も増えている。例えば、日本語指導の問題がある。文科省が2019年9月に発表した「日本語指導が必要な児童生徒の受入状況等に関する調査（平成30年度）の結果について」によれば、全国で日本語教育の必要な児童・生徒は5万759人であり、前年より6812人増加している。日本語指導専門の教員はいるが、これらの児童・生徒の全授業を支援するわけではないので他の教員にも日本語指導業務が加わることになる。

この他にも、LGBTQ、いわゆる性的少数者へ配慮した指導や2020年度から全国への配置が決まったスクールロイヤー（学校で生じるさまざまな問題に対して法律家の立場で解決への助言をする弁護士）との協働などが、道徳教育や英語教育などの教育内容に関わる改革の業務とは別にさらに追加されている。

地域によって学校環境の差は大きい

先に、近年は各都道府県により学級人数が弾力化し、サポートのための教員が設置されていると述べた。国の経済政策の一環として教育の地方分権を推し進め、学校教育における地域や学校の自主性・独自性を拡大する方針は、既に1998年の中教審答申「今後の地方教育行政の在り方について」で提唱され、各地教育委員会は、その地域のニーズや保護者の要望を踏まえてさまざまな新しい「先生」を学校に配置している。

一例として、首都圏にある小規模市の小・中学校の2020年の状況を見てみよう。この市では、児童・生徒に関わる職として小1問題対応講師、通級補助員、特別支援指導補助員、学校図書館教育補助員、日本語指導員、学習指導補助員、さらに相談業務にあたる教育相談員が配置されている。それに加え、教員に関わる職として初任者指導教諭、初任養護教諭指導教諭、産休・育休の代替教員もいる。現在、若い世代の教員が増加しているので産休等取得者は多く、ある小学校では全教員の約一割が取得中である。この他にSC3名、SSW1名が活動しており、産休等代替教諭以外は、全て非常勤職である。

地域・学校の自主性・独自性を確立することは地域の現状に沿った教育が行える反面、経済的に余裕のない、あるいは教育に資金をかける熱意のない地域では高い質の教育が不可能にもなる。今回の新型コロナウイルスが期せずしてICT機材整備状況の地域差を明らかにしたように、現在は地域ごとに学校環境の差が大きくなり、それが教育熱心な保護者の関心事になっている。

その身近な証拠を、駅や大型店舗などに置かれているフリーペーパーに見つけた。2020年1月21日発行の『SUUMO新築マンション埼玉版』(リクルート)では、「埼玉23市学校力調べ」の特集が組まれ、同県だけではなく東京、神奈川、千葉、茨城の「学校力」の比較が掲載されている。そこでは、パソコン1台当たりの児童生徒数、学童保育の待機児童数、大学進学率、1クラス当たりの児童数などが示されている。ちなみに、パソコン1台当たりの児童生徒数は全国平均5・4人に対し、渋谷区では1・0人、つまり1人1台設置されているのに、同じ東京23区でも約16人に1台しかない区も存在している。

この統計では教員については触れていないが、そこに挙げられた数字だけでも学校を取り巻く環境や制度面に地域間格差があり、それが住宅購買時の重要な情報になっていることがわかる。

教員の上下関係が作られている

「チーム学校」には学校の組織化を図る側面もある。先の答申には学校のマネジメント機能の強化という項目があり、そこでは校長がリーダーシップを発揮できるような体制整備が急務とされ、校長を始め管理職及び管理職候補者への処遇改善が提言されている。

かつて教員はとてもシンプルな集団だった。校長、教頭が管理職であり、その下に各教科の教員、養護教諭、学校によるが基本的には図書室に学校司書が、理科実験室に実験助手がいるのが一般的な印象であり、全員、「先生」と呼ばれていた。さらに、教員の中には、生徒指導部主任や学年主任と呼ばれる責任ある立場の人もいた。教員の活動の中で自然発生的に出現し、1975年に教職員組合の強硬な反対を受けながらも制度として導入された立場だが、実際には主任でも管理職を目指さない人も多く、教員の代表の一人と見られていた。

このような教員集団に明確なランク付け、職階が創設されたのが、2007年6月の学校教育法の改正である。この時、新たに設けられた副校長と主幹教諭の意味は大きい。

副校長は「校長を助け、命を受けて校務をつかさどる」職とされている。以前からある教頭職は「校長（副校長を置く学校にあっては、校長及び副校長）を助け」とされているので、校長→副校長→教頭というランクが確認できる。

主幹教諭は「校長及び教頭を助け、命を受けて校務の一部を整理し、並びに児童の教育をつかさどる」職とされている。彼らは、学校運営のミドルリーダーとして期待され、明らかに管理職の職階の最下部に位置されており、以前の主任とは全く異なる存在である。

ちなみに、先の改正では「指導教諭」も設置されたが、こちらは教科等の指導に優れた教員に冠されるもので管理職の職階には位置づけられていない。

この他、2005年から制度化された栄養教諭、1953年に設けられながらも「当分の間」置かなくてもよいとされていたが今は配置が進められている司書教諭などもあり、現在の教員集団は以前とは異なった様相を示している。

なお、先の答申では事務職の制度改革の提言もしているが、本書は教員を論じているので割愛する。

評価が上下関係をさらに強める

教員の職階が作られただけでなく、そこには新しい評価制度も導入された。

教員の勤務評定は、1950年代後半に導入されているが、教職員組合を中心に全国的な強い反対を受け形骸化していた。だが、2000年には教育改革国民会議が「教師の意欲や努力が報われ評価される体制をつくる」との提案をし、この前後から都市周辺部で独自の教員評価制度を設ける動きが起こる。2001年に公務員制度改革大綱が出され、公務員への能力主義導入が決められたことと歩調を合わせ、2002年には中教審答申「今後の教員免許制度の在り方について」で新しい教員評価システムが提唱され、2006年からの全国実施を目指した。

当時は勤務評定の際とは異なり大きな反対もなかったかに見えるが、そこには組合の弱体化や、ただでさえ多忙な中で改革が相次ぎ、教員が個々の改革の趣旨を理解する時間的余裕がなかったことが関係していると考えられる。

新しく策定された教員評価システムは、目標管理と業績評価という異なる2つの目的を持つ。評価の一般的な流れは次のようなものだ。

学校は毎年4月に学校の教育活動の目標を決め、それに沿って管理職を含め全ての教員がその年の目標を定める。これを管理職は5月中旬までに教育委員会に提出し、教諭は管理職に提出する。この際に、短時間の面談を行う。その後、10月頃に達成度の中間報告を先の書類に書き入れ、1月から2月に、その年の最終報告を記入・提出する。この際にも、管理職は教育委員会と、教諭は管理職と面談して各人に評価が付けられ、それは原則として本人に公開される。

評価項目は主に教科指導、生徒指導、校務分掌の3項目で、中でもチームワークや学校運営への貢献度が高く評価されている印象と複数の現役教員から耳にした。各教育委員会では管理職に評価者としての研修を行ってはいるが、中・高のように教科担当制を取る学校種では、自分の教科以外の教科指導に関してはわからない部分も多いだろう。

各項目の評価は三段階ないし五段階であるが、評価に対しての不服申し立て制度があるので、よほどでなければ平均より低い評価は付けられないとの噂を聞く。

導入当初、このシステムを教員はどのように受け止めていたかを論じた興味深い研究がある。2009年、東北大学大学院教育学研究科の笹川力氏が著した「教員評価制度に対する教員の受容意識の研究―青森県Y小学校を事例として―」である。Y校勤務の教員16名に取材した内容で詳細はここでは省くが、教員にとって評価制度は単なる事務仕事と捉えられていること、管理職の面接は書類作成上の助言のみであったことなどが氏の聞き取りで判明した。中でも「(教員評価の)リーフレットを読む時間をとるくらいなら、違うことをしたい」という教員の言葉が鮮烈である。10年以上経った今でも、同様の思いである教員が多いことは、筆者の取材でも明らかである。

当初は教員の反感を考慮して評価するだけとされていたが、2007年の中教審答申「今後の教員給与の在り方について」で、評価結果を「任用や給与上の措置などの処遇に適切に反映」させるよう促すと明記された。

文科省の「平成30年度公立学校教職員の人事行政状況調査」では、「人事評価システムの取組状況」も調べている。それによると、2019年4月1日現在、47都道府県及び20指定都市の内、「昇給・降給」に反映しているのが約82%、「勤勉手当」が約79%、「昇任」が約58%、「配置転換」が約36%となっている。評価は教員の教育力を高める目的もあるとされているが、「人材育成・能力開発・資質向上」への反映は約66%、「研修」は約49%という結果である。

答申から10年以上経った段階でのこの数字をどう見るか意見の分かれるところだが、少なくとも教員評価制度が教員を分断し書類仕事を増加していることは事実である。

第2章

悲鳴をあげる心と身体

精神的ストレスが引き起こす大量の休職

厳しい環境の中で働いていれば、当然のことながら心身の健康を損ねる教員が多くなる。現時点で特に深刻なのが、精神疾患による休職者の増加だ。

図表2は、病気による休職者数の推移を表したものである。2002年に精神疾患による病休者が全病休者の過半数に達し現在まで続いている。実数では2008年に精神疾患による病休者は5000人を超え、途中若干前年を下回る年はあったものの、10年以上5000名前後で高止まりしている。教員全体数が減少している中においてである。

文科省もこの状況を問題視し、2013年3月に教職員のメンタルヘルス対策検討会議が出した「教職員のメンタルヘルス対策について(最終まとめ)」では、2011年度時点の調査結果を基に対策の検討が行われている。この時点では所属校勤務2年以内の発病者が約半数であること、40・50代の発病者が多いこと、新任でいわゆる研修期間内の病休者の9割が精神疾患であることなどが判明した。増加の背景には業務量増加と業務の質の困難化があるとし予防的対策を始め多くの対策が挙げられたが、改善はほとんど進んでいない。

2018年度の文科省「公立学校教職員の人事行政状況調査」結果から最近の病休者の

図表2　教職員の病休者推移（2001年〜2018年）

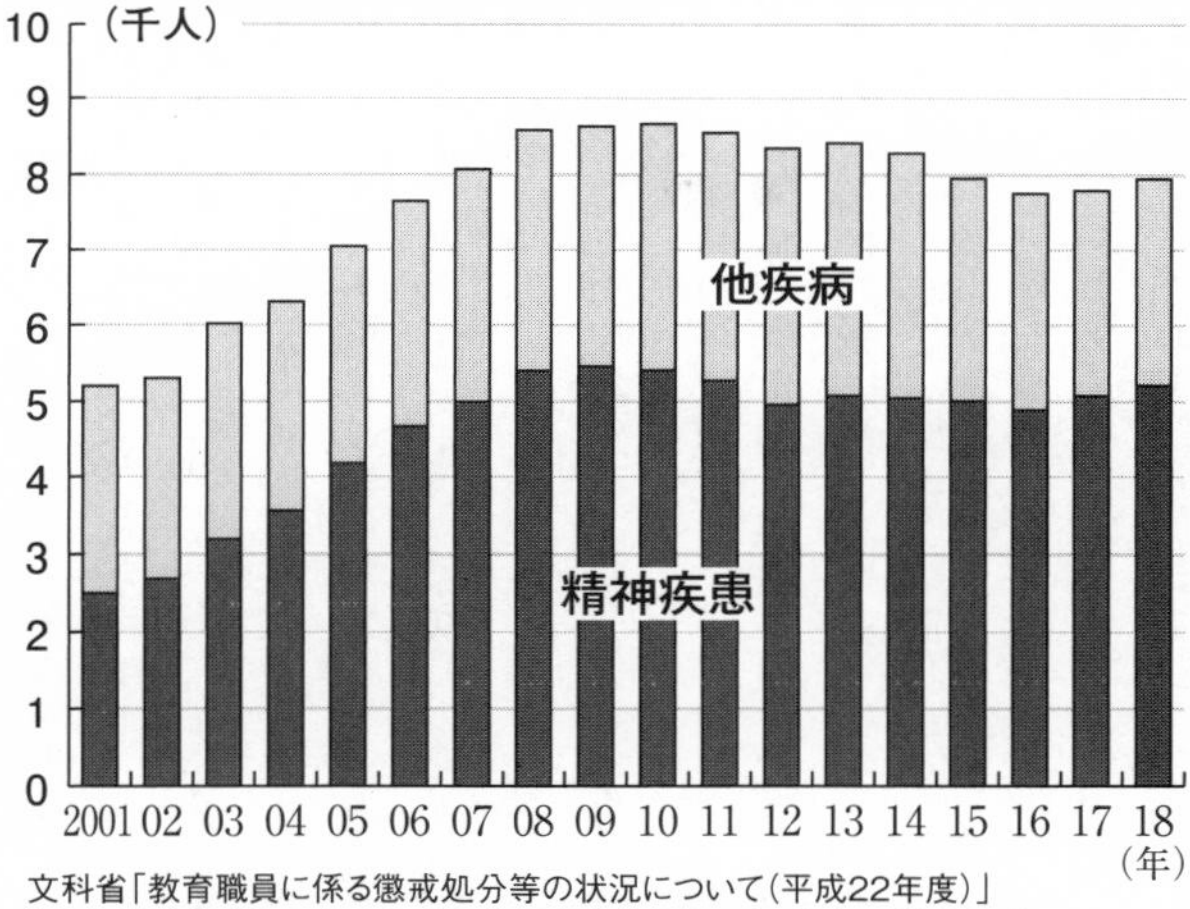

文科省「教育職員に係る懲戒処分等の状況について（平成22年度）」
「公立学校教職員の人事行政の状況調査（平成30年度）」より筆者作成

特徴を見ると、学校種別では小学校・中学校、特別支援学校に多く、いわゆる「ヒラ」教諭に多いこと、病休者が多いのは30代以上だが、精神疾患が占める割合は20代に多いことなどがわかる。

精神疾患を含め病休者の中には回復せず、やむなく退職する者も少なくない。最悪の場合には自死を選ぶ可能性もあるが、このようなケースでの退職者数は明確ではない。本人や家族が事実を公にし訴訟を起こした場合に社会的関心を集めるだけである。

教員経験の短い発病者は、予想していた教員の仕事と現実とのギャップに悩むことが原因だろう。一方、経験を積んだ教員はこれとは異なる原因が推測される。学校という場は各学校で職場環境が大きく異なる。比較的落ち着いた学校に赴任した直後、それ以前の疲労やストレスが一気に噴き出すことが、仕事熱心な教員に多く見られるのだ。

筆者の同僚だった40代の女性教員がいた。彼女は、生徒指導が大変な高校で中心的な存在だった。当時の彼女は自らの家庭を顧みずに長時間労働をし、男性教員顔負けの気迫で生徒に臨んでいた。7年後、彼女は中堅進学校に異動になる。しかし、4月の初めに数回勤務した後に病休に入り、生徒の顔を見ることもなく数カ月後に亡くなった。がんが全身に転移し手遅れだったのである。体調不良に気づかない、気づいても後回しにしてしまう心境になっていたのだろう。

同じく、同僚だった男性教員は定年を機に発病した。真面目で教科指導も部活動指導も熱心だった彼は比較的落ち着いた学校での勤務が長かったが、50代になってから生徒指導が大変な学校に異動し進路指導主任となった。進路指導は進学や就職の実績が毎年公表され生徒募集にも直結するシビアな校務分掌である。指導に従わない生徒たちを前に、長時間勤務し神経をすり減らす毎日が続いた。数年間の勤務の後、彼は定年を迎え、再任用として進学校で常勤講師を務めることになる。

4月の初め、勤務校でパソコンに向かっていた時、ふと、何も考えられず、何もできなくなったと生前の彼から聞いた。わずかに働いた理性が「これはうつ病だ」と判断し、即入院となった。自分の症状を判断できたのは、彼の周囲に同病の人がいたからである。数カ月の入院を経て、一旦は学校現場に戻ったが完全な回復はならずに数年後に亡くなった。

病気休職を取る教員がその後どうなるのか楽観視はできない。自らの状態に気づいて休職できる人だけでも毎年5000人も生んでいるのが教員という仕事である。

教員の犯罪は多いのか

新聞やテレビのニュースで教員の犯罪が報道されることが時々ある。犯人が他の職業人の場合には「会社員」や「自営業」といった括りで報じられるのに、教員の場合には、学校種や勤務先の所在地は必ず、犯した罪によっては本名や勤務先学校名まで挙げられている。このような報道姿勢の背景には、公務員に対する一般社会の見る目が厳しいことがあるだろう。加えて、世間では教員＝真面目との思い込みが今でも強い。「真面目な教員がこんな悪いことをしている」という事実は、その犯罪が軽微なものであっても人々の興味をかき立てるのかもしれない。ちなみに、教員同様、「市民の規範」たるべき存在と見なされている警察官が1年間にどれだけ犯罪を行ったかの調査結果は公表されていないようで筆者の力では見つけ得なかった。

犯人の職業に「教員」と必ず付ける報道姿勢は、教員の犯罪は多いとの印象を与える可能性もある。では、教員の犯罪は多いのだろうか。

文科省は「公立学校の人事行政状況調査」を毎年行い、（1）精神疾患による病気休職者等数、（2）懲戒処分等（交通違反・交通事故、体罰、わいせつ行為等、個人情報の不適切な取扱い）、（3）指導が不適切な教員の認定及び措置等といった全7項目を調査している。

2018年度（平成30年度）の結果を見てみる。懲戒処分等を受けたのは5978人で前年より869人増加した。その内、交通違反・交通事故が2761人（前年比－202）、体罰が578人（同－7）、わいせつ行為等が282人（同＋72）で過去最多、その他が2030人（同＋1005）で、この内、この年に新設されたパワーハラスメント等教職員同士のトラブルの処分者は32人となっている。全体数の大幅増、わいせつ行為等が過去最多となった点が特筆に値する。

この結果を踏まえた今後の対応の部分に、以下のような萩生田《はぎうだ》文部科学大臣の発言が掲載されている。

「児童生徒を守り育てる立場にある教師が、同僚教師に対して複数で暴力行為などを繰り返すことや児童生徒に対してわいせつ行為などを行うことはあってはならないこと」であり、「教師として適正な資質、能力を持つ者のみが教壇に立つような採用、免許や人事管理等のあり方に関し、法制上の考慮すべき論点も含めて、専門家の意見を聞きつつ検討」

(令和元年10月30日　衆議院　文部科学委員会)

これに続いて、パワーハラスメント等教職員同士のトラブルについては、各教育委員会に相談体制の整備等必要な措置について周知徹底すること、また、体罰については、従来の対応で改善されているが根絶に向けて引き続き各教育委員会に向けて通知等の指導を行うと文面は続く。

教職員間トラブル項目の新設は、近年、看過できない状況と認識されていたからだろう。そして、体罰は従来の指導が有効だったとの評価をしている。だが、これらの対応をあざ笑うかのように、翌2019年に、後述する世間を驚愕させた事件が起こっている。

加えて、筆者には文科大臣の教員にふさわしい人間のみを採用できるよう検討するという発言に違和感を持つ。懲戒処分等が起こるのは、不適格な人が教員になっていることが原因であるとし、問題が起こらないようにするために「適正な資質、能力を持つ者」を教員にしたいと、大臣は続けている。

この発言は、後述する一定タイプの教員を養成・採用し、教員になってからも逸脱しないように研修を続けさせる近年の「教員改革」の意図に沿ったものと思える。しかし、犯罪の原因は教員の資質にあるという分析は正しいのだろうか。十分な資質を持った人でも、置かれた環境の中でのストレスが非常に強いと問題行動に走ることもありうる。先の発言が学校という職場環境の問題には触れていないことが不可解かつ残念だ。

再度、先の調査結果に戻りたい。近年では年間5000件以上の事件が発生している事実が確認できる。その大半は、新聞の地方版に掲載されるレベルであるが、特に重大事件は全国的に取り上げられる場合があり、2019年には2つの事件が世間を騒がせた。

それは、東須磨小学校の教員間暴行等事件と都立高校教員の体罰事件であり、ともに事件が公になるにあたって映像が果たした役割は大きい。しかも、これらは2018年に文科省により今後の対応が強く示されている内容に関わる事件である点も皮肉である。

教員の犯罪の原因を教員だけに負わせてよいのか、彼らの置かれている環境等も顧みる必要はないのか。この点を考えるために、2つの事件を見てみよう。

東須磨小学校教員間暴行等事件から見えるもの

この事件の被害者の一人は2019年7月に教育委員会に、9月には市職員総合相談窓口に、10月中旬には警察に被害を訴えた。その後、激辛カレーを無理矢理食べさせられる動画等がテレビ番組でもセンセーショナルに報道された。

神戸市教育委員会は警察が被害届を受理した直後から弁護士による調査委員会を立ち上げて調査を進めた。そこで明らかになった事実や経過は地元の神戸新聞が詳細に報じている。

約5カ月の調査を経て、2020年2月に最終報告書が公表される。それによれば、教員間の暴力、暴言、パワハラ等は2017年から行われていたこと、当時の教頭、その後校長となった教員の影響力が大きいこと、被害者は男性2人、女性2人、いずれも20代の4名であり、彼らに行われた問題ある言動が125項目にも上ること等が明らかにされた（『神戸新聞』NEXT2月21日付）。2月末、教育委員会は加害者4名の処分、2名が懲戒免職、1名が停職3カ月、1名が減給3カ月と、管理職を含む他4名の処分を発表した。

さらに、教育委員会は教員を監督するための新たな役職を新設することも明らかにした。

一方、刑事事件としては起訴猶予となった。

事件は一応決着したが、これで終わらせてはいけない。この事件には現在の教員集団に共通する背景があると筆者は考えている。

今回、「神戸方式」という神戸市独特の人事制度が問題視された。告発した20代半ばの被害者は2017年に新任として同校に赴任、同時に赴任した加害者の一人である40代女性教員は、当時の校長に「神戸方式」によって招かれたといわれている。

「神戸方式」とは教員の人事異動案を校長会が決め、それを教育委員会が追認する方式で、同市では1960年代後半には定着していた。背景には貧困や差別の問題があり、それを解消するために、問題を抱えた子どもが多い学校に能力や熱意のある教員を集める意図があったようだ。今回の事件では、この「神戸方式」が原因の一つとされている。

先の女性教員は指導力のある教員と評価されていたので、招かれた事実の裏には同校に何かしらの生徒指導上の問題があったとも推測できる。単なる人間としての好みや言うことを聞く教員を集めたのであれば、問題はさらに深刻であるが。

事件発覚当時、この「神戸方式」は非常に珍しいことのように報道されていた。しかし、教員や元教員の中には「うちの地域にも似たようなルールはある」と思った人が多いに違いない。原案は教育委員会が作ったとしても、校長の意向が人事に大きな影響を与えるのは教員の世界では当たり前のことだ。

「神戸方式」が話題になった時、60代の元小学校校長で地域教育の要職に就いている人物に校長の意向が教員人事に影響を与えるかと筆者が尋ねたところ、「与える」と断言された。学校運営の責任者であり、自身も教育委員会から評価される立場の校長が、学校の現状に合わせて必要な教員を集めたがるのは当然でもある。

全国的にも20年ほど前から校長の権限が強められたからこそ、人事面だけでなく学校運営全体に校長の人間性が大きく影響を及ぼすようになっている。東須磨小事件では、複数の管理職の人間性、中でも同校で教頭、校長として3年間勤務した男性管理職の人間性が問題である。

事件発覚後、現同僚、元同僚たちが、この男性管理職の言動を明らかにした。「よく職員室で大きな声で先生たちをどなっていました。相手の話を聞かずに、一方的にどなる」「典型的な強い者には弱く、弱き者を批判するタイプ」「あいつを今から切る、殺すといったことをしょっちゅう言っていました」といった証言が複数寄せられている。

このような言葉は特定の業界や、本当に親しい内輪のやりとりであれば許されるのかもしれない。勤務時間内に素面《しらふ》でここまでストレートに口にする教員は珍しいが、一連の言動に既視感を持つ教員や元教員は少なくないだろう。前章で述べたように、現在の教員間には明らかな上下関係、力関係が作られている。その職場の有力者と見なされている教員の中にはもっと子分を増やしたい、その反面、自分と違う価値観を持つ教員をできれば排斥したいと画策する者もいる。

上述のような言動の管理職が3年間勤務していれば、職場の雰囲気がどのようになったかは容易に推測できる。加害者の1人、30代男性教員は、この管理職と大学も同窓であり、お気に入りの教員と周囲から目されていた。

暴言・暴行を受けることになったきっかけは些細なことだ。赴任した年、被害男性は近隣の小学校との夜の親睦会を欠席した。教頭だった問題の男性管理職は激怒し、「おまえは俺の顔に泥をぬってええんか」と息巻いたとの証言がある。若い世代を中心に職場の宴会に参加しない人は増えている。仕事とプライベートをしっかりと区分し、自分の気持ちに正直に行動する生活様式が作られつつあり、このような人々に宴会参加を強要するのはパワハラである。社会変化に気づかず、自らの価値観を押しつけようとする人は、硬直した精神の持ち主と言われても仕方ない。

教頭の言動を不快に思う教員もいたが、その力を前に口をつぐみ、彼のお気に入りの加害教員たちは被害者たちに様々なハラスメントを続ける。2018年には、保護者から学校に、「先生たちの間でいじめが起こっているのではないでしょうか」との電話が入ったことも判明している。教員間の異常な関係は児童や保護者にも伝わっていた。

後に、被害教員は神戸新聞のインタビューに当時の心境を次のように語っている。

「自分は、人に優しく接しようとしていました。何かされてもあまりきつく『やめてください』と言えない自分がいて。『こいつ何も抵抗せえへんし、やってやろうかな』ってエスカレートしていっても、きつく『やめてくださいよ』とは言えなかった。そう言うと、自分の居場所がなくなる」(『神戸新聞NEXT』2020年4月29日)

ここにはいじめが拡大する一般的な図式がある。「居場所がなくなる」という言葉からは、いじめやからかいを容認する雰囲気が当時の職場で支配的であったことが読み取れる。同じ取材では被害教員に職場の雰囲気に違和感がなかったかと尋ねている。それに対して、「初めての学校なので、違和感というか、これが社会なのかなということを感じていた。(中略)呼び捨てや先生同士のかかわり方。ほかの先生のことを『あいつは仕事できひんから』とか言われていて、自分も陰で言われているんやろなと考えたら怖いなと」と彼は答えている。初めて社会人となり比較する対象もない中、荒《すさ》んだ雰囲気にとまどっていた姿が浮かんでくる。

２０１９年に同校の教頭から校長になった女性教員は、教員間の異常な関係に気づいていた。教育委員会の調査によれば、４月に教頭、主幹教諭に対して職員室の人間関係を確認するように指示を出し、６月の教育委員会の学校訪問の際には、教員間の人間関係が心配との話を伝えている。被害の大きさに比べて動きは遅いものの、この女性校長は改善への道筋をつけようとはしていたことがわかる。

しかし、この間も加害教員からのパワハラ等は続く。被害教員は７月に教育委員会に被害を申し立て、この問題が初めて正式に校外に認識された。校長・教頭が校内での聞き取り調査・事実確認を行い、加害教員の名前が初めて教育委員会に伝えられる。同時に、職員会議で全職員に対してハラスメント行為に対する注意がなされる。だが、被害教員の受けた心の傷はあまりに深く、９月上旬に市の相談窓口に訴え出るとともに、体調不良による休職に入った。

この女性校長への批判も大きいが、校長就任以来、問題解決の定式通りに動いている。

責められる点は、問題の男性管理職が校長だった時に彼の言動を学校管理者の一人として教育委員会に報告しなかった点である。校長と教頭の校内での力の差は大きいが、生徒や教員のこと、市の教育全体のことを考えて動くことはできたはずだ。

調査報告書から浮かぶ疑問

調査報告書には学校現場に関する重大な指摘等も見つかる。調査過程で加害者側の意識調査も行われたが、ある一人が一連の言動を「ストレス発散」と言い、「自分が楽しければ良い」と語っている。彼らにとって何がストレスだったのか、その点の解明も不可欠だ。

3年間管理職を務めた教員はパワハラ行為をしたという心当たりはなく、職場の雰囲気が悪いことにも気づいていなかったと答えた。調査委員長は「威圧的な言動について尋ねても、『訴えている方がおかしい』という感じで否定された。強い違和感を持っている」と会見で発言している。管理職になるまでの20年以上の教員生活の中で、この教員はトラブルを起こしていたはずである。それを正す者、本人に言っても直らないのであれば、児童や同僚への悪影響を考えて教育委員会に指導を願い出る同僚はいなかったのだろうか。それほど教員集団の自浄機能は低いのか、加えて、なぜ、このような人が管理職になれたのか、管理職登用の観点は何なのか、管理職の影響力はそれほど強いのか等数々の疑問が生じるが、教員経験者である筆者にもその答えは見つからない。

調査委員からは、この職場では他の仕事の場とは異なり他者への身体的接触が非常に多いことに驚いたという発言もあった。確かに子どもの発達段階の特性からか、小学校では子どもへの指導上の身体的接触は多い。言葉で理解できないことを、子どもの身体の一部に教員が触れて具体的な動きとして教えることは有効だ。この習性が教員間でもそのまま連続し、それがセクハラやパワハラに転じやすかったのかもしれない。とはいえ、自分たちは大人だという自覚を忘れてはならないのが、子どもが大人になるのをサポートする教員という仕事である。

神戸市教育委員会では、この事件を受け、市域の全学校園の教職員に対してハラスメント調査を行った。そこで、他校でもハラスメントが発覚し、東須磨小学校は「氷山の一角」であったことを教育長が会見で語っている。この会見では、教員個人の資質の問題だけではなく、学校現場を指導する立場の教育委員会全体の問題として受け止めていることが語られ、さらに、これまで教員の仲間意識を大切にしてきたが、いつの間にか人権意識が抜け落ち、暑苦しい人間関係だけが残ってしまったとの苦渋の見解も述べられている。

『神戸新聞NEXT』には専門家の分析も掲載されている。甲南大学の大西彩子准教授は心理学の観点から、この学校の職員室の、いじめを容認し助長するような閉鎖的で病んだ「集団規範」が問題であると、職場環境に言及したコメントをしている（2019年12月2日付）。

社会心理学では、人は自分の属する集団＝内集団とそれ以外の集団＝外集団とを区別していると考える。外集団の存在を意識すると内集団への所属意識が高まり、内集団と自分を同一視するようになる。そして、内集団の思考様式や判断の枠組み、つまり「集団規範」に高い価値を置いて自分の自尊感情を守ろうとし、排他的な空気が生まれる。加害者とその背後にいた管理職は強固で排他的な内集団であったようだが、彼らが意識していた外集団とは何だったのか。彼ら自身は懸命にやっていると思っている仕事に対して批判的な見方をしがちな学校外の社会全般が、彼らには外集団と見えていたのではないかと深読みしたくなる。

この事件から見えてきた教員集団や管理職の問題は神戸市だけでなく現在の学校と教員の組織が孕んでいる問題であり、それは相次ぐ改革により生じ深刻化したものでもあると筆者は考える。それは後に触れることとし、もう一つの象徴的な事件を見てみたい。

都立高校男性教諭体罰事件から見えること

２０１９年1月中旬、１本の動画が物議を醸した。それはある都立高校の教室外で男性教員が男子生徒を殴る場面を他の生徒が撮影した約15秒の動画だった。テレビのワイドショーが体罰とこぞって取り上げ、当初は一方的に教員を責める声ばかりだった。

その後、この事件に関するもっと長尺な動画がＳＮＳ上で公開された。教室内での２人のやりとりも含んだもので、男子生徒が付けている装飾品を校則違反なので外すように何度も注意する男性教員、それに従わず挑発的な言葉と態度で教員を煽り、教室外に誘い出す男子生徒の姿が映されていた。さらに、同じ学校の生徒から男子生徒が問題行動を何度も起こしていること、動画内に「Ｔｗｉｔｔｅｒで炎上させようぜ」との生徒の発言も入っており、計画的に事件を起こした可能性もあることなどがインターネット上で報じられた。

一方で、男性教員は50代のベテラン体育教員で、生徒思いの良い先生であるとの声が教え子たちから多数寄せられ、世間のこの事件を見る目は一変する。

学校側の対応も速かった。学校側の会見では、校長からこの教員は以前から生徒指導に熱心なあまり行きすぎがあり、今回も教員が感情的になってしまったとの説明があった。該当教員は生徒と保護者に謝罪し、事件は急速に忘れ去られていく。

単純な体罰事件のように落着しているが、筆者にとってこの事件は非常に印象的である。ここにも現在の教員の問題が鮮明に表れている。

長い動画には教員と生徒のやりとりが映る。生徒の挑発の仕方は、いわゆる「ヤンキー」の古典的なやり方である。2人が教室外に出ても他の生徒たちは教室内にとどまり至って静かである。次第に切迫した状況になり、教員・生徒双方から大声が発せられ、心配した生徒が数名出てくるのだが、他の教員の姿は全く見えない。授業に集中できない生徒がいる学校では空き時間の教員が校舎内を巡回し、大声が聞こえた場合にはそこに駆けつけるのが生徒指導の常道なのだが、ここでは教員の姿は全く見えない。あくまで、一人の教員が孤軍奮闘しているのである。

この教員は同校の赴任が2018年4月で、その前は、東京に隣接する県の文武両道を校訓とする県立高校に勤務していた。赴任1年目なので同僚との信頼関係ができていないのか、あるいは教員の年齢構成上の問題があったのかはわからない。彼の生徒指導の方針が現勤務校の方針と合わなかったという可能性もある。けれども、教員と生徒が一触即発になる場面は学校現場では最大級の危機であり、何を差し置いても同僚がその場に行くのは当然のことである。

先に、神戸市教育委員会の仲間意識を大切にしてきたという言葉を紹介したが、地域も学校種も異なるとは言え、仲間が全くいないかに見える教員の姿がここにある。表面的な「仲良しクラブ」ではなく真の「仲間」と言える関係が、現在の教員集団の中にどれくらい構築されているのだろうか。孤独な教員の姿に、この点を考えさせられる。

先の東須磨小学校の一件でもストレスが人間関係を変質させている可能性が考えられる。筆者が言うところの「教育困難校」と考えられるこの高校でも、ストレスが強固な内集団を作り、それ以外の教員を孤立させていた可能性がある。

2つの事件から、管理職や教育委員会の構成員を含む教員集団の姿が変質していることに気づかされる。今の教員集団は構成員の同質化が進み、悪い意味での「ムラ社会」化が起こっていると筆者は見る。本来、「ムラ社会」には、その集団の構成員の間に信頼感を基にした一体感があり、自然災害や他集団とのトラブルの際には協同して行動するものだ。しかし、現代の教員は「ムラ社会」特有の同調圧力は強く、自分たちの「集団規範」に従わない者、突出した言動をする者を許さない雰囲気はあるが、個々の構成員同士の信頼感がない。心の中で「ムラ社会」に疑問を持っていても、それを公にした際の制裁が怖くて何も行動できない。異質であることを異常に恐れる雰囲気が充満している。2019年に耳目を集めた2つの事件は、このような今の教員集団の象徴のようだ。

この変質には、日本社会及び日本人の変質ももちろん影響しているが、それ以上に、「教育改革」と「教員改革」により進められたものと筆者は考えている。

第3章
不信が出発点の「教員改革」

教員の資質・能力への提言は時代に直結する

これまで何度も指摘したが、ここ20年ほどは「教育改革」が強力に推し進められている。この間は、「バブル崩壊」後の経済回復に苦慮し続けた時期であり、グローバル経済が急速に進展した時期でもある。新しい経済局面においては、高度経済成長期を支えた責任を持って黙々と働く「企業戦士」では通用しないことに気づいた経済界の要請とそれを受けた政治家の意向が、改革の裏にはある。

『文部省の研究—「理想の日本人像」を求めた百五十年—』を著した作家の辻田真佐憲氏は、グローバリズムとナショナリズムへの対応がこの間の教育改革の骨子であるとする。グローバリズムの下、熾烈《しれつ》な競争の中で勝ち残れる人材が欲しい、一方で、国際政治の基本となる国家に愛情を持ちそれを支えようとする国民が欲しい、一見、矛盾するかに見えるグローバリズムとナショナリズムは改革を推進する側から見れば表裏一体となる。だが、具体的な改革策は多岐にわたる上にちぐはぐな印象で、学校現場に大きな混乱をもたらしている。

この間の改革については巻末に筆者作成の略年表を付けたので、この章では、本書の主眼である「教員改革」の変遷について概観する。日本では、教員に求められる資質・能力、その養成方法は、その時の日本社会の課題と直結しており、提言は今に始まったものではない。そこで、少し遡って見てみたい。

受験の過熱化や落ちこぼれ、いじめ、不登校が社会の関心を集めた1970年代から、教員に求める資質・能力及びその養成方法について中教審議会や教育職員養成審議会（2001年1月6日付けで中教審に組み入れられる）で度々議論されるようになった。

1977年告示の学習指導要領で80年代からいわゆる「ゆとり教育」が始まる。この背景には「詰め込み」型の学校教育が「受験戦争」や「落ちこぼれ」、いじめなどの諸問題を生んだという反省があり、思考力、創造力を重視する教育への転換を目指して、1989年告示、1998年告示の各「学習指導要領」でも踏襲される。

一方で、「ゆとり教育」で「学力低下」は想定内、できない者はできないままでいい、少数のできる者を限りなく伸ばそうとの意向がメンバー内で共有されていたとの証言が、この間、教育課程審議会会長を務めた三浦朱門《しゅもん》氏の弁として先の書に採られている。

「ゆとり教育」には表向きとは異なる目的もあったようだが、その実現のためには教員養成の見直しが必要と考えられ、その後、教育職員養成審議会「新たな時代に向けた教員養成の改善方策について」答申が出される。「ゆとり教育」への批判は根強いが、目指していた思考力や創造力は今まさに求められている力でもある。逆に見ると、現在までの一連の改革が十分に成果を挙げていないとも言える。

この他、80年代には新採用教員対象の初任者研修が始められ、90年代には大学入試センター試験、学校週5日制度の導入と大きな改革が実行される。

しかし、学校教育の方向転換はなかなか難しい。「ゆとり教育」でできた時間的余裕は、家庭環境等による体験や学力の格差を広げることにもなり、90年代後半からは学校現場に「学級崩壊」と称される混乱した状況が生まれ、「学力低下」も囁《ささや》かれた。

1999年には岡部恒治・戸瀬信之・西村和雄編『分数ができない大学生』（東洋経済新報社）が出版され、大きな社会的関心を引き起こした。大学生の学力低下の要因としては、1990年代の推薦入試の拡大やAO入試導入等の大学入試方法の多様化によって新たな学力層が入学するようになった点が大きい。しかし、当時は「学力低下」の元凶として「ゆとり教育」がやり玉に挙げられた。

求める学力の変化と教員への批判、その中で進められた「改革」

「学力低下」への議論の高まりの陰で、教育職員養成審議会第3次答申「養成と採用・研修との連携の円滑化について」が1999年12月に出されている。ここで教員は生涯にわたる研修が必要との見解が打ち出され、その後の教員養成の考え方の基となった。

この頃、教員がいじめを見過ごしたり、加担したりしたことが原因の生徒の自殺事件が起こって教員批判が高まり、また、指導力不足を疑われる教員の存在も話題になった。それらへの対応が「改革」の推進力となったが、その批判に乗じて、政府や文部省の教員への発言を強めた面もある。翌年には教育改革国民会議の報告で教員養成改革の必要性が主張される。

2001年に文部省が文部科学省に改組されると、教育改革及び教員養成改革への意欲は一層高まる。翌年、当時の遠山敦子文部科学大臣が「学びのすすめ」を発し、「ゆとり教育」から「確かな学力」への転換を鮮明にし、同じ年に、中教審の答申「今後の教員免許制度の在り方について」で教員の10年次研修の創設が提唱される。

2003年には異例の学習指導要領一部改訂が行われ、学習指導要領の内容を超えた発展的学習を認める方針が出された。2004年には全国学力テストの実施が決められ、少なからぬ反対が出たものの2007年から実施されることになる。

この頃、「学力低下」の証拠と思われる事実が相次いで明らかになる。それは、2000年から始められたOECD（経済協力開発機構）の学習到達度調査及び国際数学・理科教育動向調査での日本の順位が低下したことである。1960年代から学力の国際比較調査では常に上位だった日本にとっては大きな衝撃となり「学力向上」への加速がさらに進んだ。

「教育再生会議」で勢いづく改革

2006年9月、第1次安倍晋三内閣が発足した。首相は所信表明で教育が重要課題と力説し、教育改革を進める姿勢を示した。10月には内閣に「教育再生会議」が設置され、2007年9月に安倍退陣があったものの、2008年1月末に解散するまでの間に次々と新たな施策が打ち出されていく。

この会議での議論が現在も継続している改革の方向性を決定している。発足当時、「ヤンキー先生」として有名だった義家弘介《よしいえひろゆき》氏がメンバー兼担当室長になり、企業経営者、文化人、元スポーツ選手等がメンバーとなった反面、教育研究者が含まれず、現職の教員は2名のみであり、教育界からの疑問の声も大きかった。

2006年は教員にとって大きな変化が起きた年だ。「教育再生会議」発足に先立つ7月、中教審は免許更新制度の導入を含んだ「今後の教員養成・免許制度の在り方について」答申を文部科学大臣に提出する。12月には教育基本法が約60年ぶりに改正され、「我が国と郷土を愛する」態度の育成、伝統と文化の尊重等の文言が盛り込まれた。

同年度には、問題視されていた指導力不足教員の存在に対比させ、優秀教員の文部大臣表彰も始められる。これは教員に能力主義を導入し待遇に差を付ける動きのスタートであり、教員を分断し一体感を失わせる動きのスタートでもある。一方、第1章で触れたが、2006年は教員勤務実態調査で教員の長時間労働が明らかになり、業務改善への動きに着手したことになっている年でもある。

教育再生会議が2008年1月に出した「社会総がかりで教育再生を（最終報告）―教育再生の実効性の担保のために―」は同会議の総まとめの意味を持つ。

この報告の主項目は、（1）教育内容、（2）教育現場、（3）教育支援システム、（4）大学・大学院改革、（5）社会総がかり、の5つであり、本文の「別添」で、速やかな実施・検討を求める項目を列記している。

この中で、本書で論じたい教員の資質・能力や養成については、「教員の質の向上」と

「教育システムの改革」の項目として以下のような改革の方向を挙げている。

・教員免許更新制
・教員の評価制
・指導力不足教員の認定
・メリハリのある教員給与……部活動手当の引き上げ、副校長・主幹教諭の処遇他
・社会人等の大量採用……今後5年間で全教員の2割以上を目指す
・IT化、共同事務処理などによる教員の事務負担の軽減
・学校の責任体制……校長の裁量・権限の拡大や任期の延長、民間人校長の登用他
・学校の情報公開、第三者評価、学校選択制他
・学校問題解決支援チームの5年以内の全国設置
・教育委員会の改革

これらの中には既に実施されていたものも含まれており、改革のスピードがいかに速かったかが窺える。

２００８年には新しい学習指導要領が出され、「脱ゆとり教育」路線が一層明らかになる。この学習指導要領では、教育内容に「質も量も」求められるようになった。しかし、２００６年に明らかになった教員の長時間労働の問題は考慮されず、学校現場の悲願とも言える教員の定数増は実現されなかった。

いじめ自殺や体罰が、教員への批判を加速させる

２０１０年頃は再び、いじめ問題や体罰、それらによる生徒の自死が多発する。大津いじめ自殺事件や大阪市立桜宮高校の部活動自殺事件などの大きな犠牲をはらった後、教育再生会議で提案されたいじめ問題への対策が急務と認識されるようになる。

２０１２年12月末に第２次安倍内閣が成立すると、直後に「教育再生実行会議」が設立された。その名が示す通り、この会議は先の「教育再生会議」が提言した改革を速やかに実行することを目的とする。いじめ問題については、２０１３年６月にいじめ防止対策推進法が成立し、９月からの施行が決まった。これと並行して、大学入試センター試験、教育委員会の改革と、この時点で未着手の提言内容を次々と実行していく。

教員の資質・能力や育成については、２０１４年７月、当時の下村博文文科大臣から

「これからの学校教育を担う教員の在り方について」の諮問があり、中教審の初等中等教育分科会教員養成部会が11月に報告を公表、翌年から文科省が教員育成目標の指針作成を始める。

この報告こそが、現在、教員に課されるようになった資質能力の向上への不断の努力、いわば教員の職業生活を通じてのキャリア教育が求められる根拠となっている。次に、これについて見ていきたい。

第4章

「求める教員」像とは

「教員改革」の底流にあるもの

2014年11月に中教審の初等中等教育分科会教員養成部会が出した「これからの学校教育を担う教員の在り方について（報告）――小中一貫教育制度に対応した教員免許制度改革――」は現在の教員にとって大きな影響力を持つ。これより2年前の中教審の「教職生活の全体を通じた教員の資質能力の総合的な向上方策について（答申）」とともに、教員の望まれる「在り方」を定め、そうなるために、いつ、どのような資質・能力の向上を図る研修を行うかを厳密に定めた現在の教員育成・採用・研修スタイルの大本になっているのである。

同報告の内容には、小中一貫校に対応した教員免許に関するものも含まれるが、本書ではそれには触れず、教員の育成・採用・研修に言及する提案のみを見てみたい。

報告では、日本社会全体にとって知識基盤社会、国際化、人口減少社会などへの対応が急務だが、「中でも学校教育をどこまで充実させられるかが、今後の我が国の未来を左右すると言っても過言ではない」と、教育の重要性を強く訴える。その上で、教員に関しては「教職生活全体を通じて学び続け、キャリア形成を図るよう、教育委員会、学校、大学がそれぞれの役割を明確にした上で連携・協働し、これを推進・支援する方策」を考えるべきであるとし、これが、現在までの「教員改革」で踏襲されている。

同報告では続けて、教員の養成・採用・研修の各段階の課題を挙げている。

養成段階の課題は多数指摘される。まず、「知識の伝達というこれまでの一般的な指導方法」のさらなる充実に加え、新しい指導力が必要になっており、「揺るぎない教育観や児童生徒の発達に対する理解など教員としての基本的な知識や能力」を身に付けさせることが課題とされている。

加えて、特別支援教育、小学校英語の教科化、道徳の教科化、ICT（情報通信技術）の活用など最近の改革の方向に合わせた対応の充実も挙げる。さらに、生徒指導や学級経営を行う力の育成も求められており、非常に盛り沢山な印象がある。

これらの課題認識の後に、「豊かな知識と識見はもとより、大きく変動する社会の中での教育の在り方に関する理解や、多様化した保護者の関心や要求に対応できる豊かな人間性とたくましさ、小・中学校をはじめとした各学校の特色や関係性に関する幅広い知見を備えた教員」の養成を担当者に切望している。

従来のものに加え新たな能力、態度等への要求が次々と重ねられ、養成段階への要望は非常に大きい。文科省の教職課程コアカリキュラムの在り方に関する検討会は「教職課程コアカリキュラム」を2017年11月に発表し、養成段階改革の実行を大学に迫っている。

一連の動きに対して、大学の教員養成課程担当者からの疑問や不満はあるものの大きな声にはなっていない。しかし、筆者は求められている内容の量と質に対して、教員の同質化を進めるものとの懸念を持っている。

同様の意見を、最近、インターネット上で目にした。それは、KKベストセラーズが発信している「BEST TIMES」で2020年7月26日に配信された『「教育よりもスキル」を教える大学で優秀な教員は養成できるのか』というフリージャーナリストの前屋毅氏の記事である。同記事では、大学教育学部教授の「大学の教育学部は、どんどん『師範学校化』しつつあります」との発言が紹介されている。戦前の日本で行われた画一的な教育の担い手を師範学校が供給していたのは周知の事実だが、最近の教員養成課程では学習指導要領の内容を伝達する技術を校長経験者が教える授業が主流となっており、これは国が求める定型の教員を育てているという意味で師範学校と同じという鋭い指摘である。

採用と研修段階の課題

先の報告では教員採用で求められる人材として以下のように述べている。

・豊かな知識と識見はもとより、幅広い視野を持った個性豊かでたくましい人材
・教科や指導法の一部についてより高い専門性を持った人材

報告の性格上理想像が語られるのは当然だが、かなり高いハードルである。教員採用試験の志願者減少が大きな問題になっている昨今、これまでの労働条件のままで、このような人材が教員を目指してくれるのか疑問を禁じ得ない。

さらに、採用における当事者間のミスマッチを未然に防ぐため、採用前において学校現場を経験する機会を増やすべきとの考えも示されている。

最後に、採用後の研修に関する記述を見てみたい。日本の教員の研修意欲は高いものの、日常業務の多忙化などにより研修のための時間を十分に確保することが困難と分析する。そして、研修時間確保のためには業務の精選や効率化の推進、教職員の役割分担の見直しや専門家の活用、組織体制の強化など「チームとしての学校の力の向上」が必要としている。また、国、都道府県などがそれぞれ主体となって研修を行っているが、全体として体

系立っていないので、「有機的連携」を図りながら、教員のキャリア段階に応じた研修を効果的に行うこと、さらには成果の可視化も必要と続けている。

教員の長時間労働の改善は2006年から一応着手されているので、多忙さにも言及しているる点は評価したい。業務の精選や効率化等により研修の機会確保を目指すとしているが、その後の動きを見ると、条件整備の前に研修制度自体が進められている印象が否めない。

今後の方向性への提言

先述の課題を踏まえ、「3．改革の方向性」と報告では論を進める。この部分の冒頭には次の文が掲載されている。

学校教育の成否は、正に教員の力量にかかっており、教員の資質能力を確実に開発・向上させることが我が国の学校教育の水準を高めることになる。その際、今後学校がチーム学校として、従来にはない組織としての機能が求められる中、教員についてもチーム学校を支える一員としての資質や能力が求められている。（傍線部筆者）

その上で、今後、以下の3つの「改革の視点」を持って教員の養成・採用・研修の改革に取り組むべきであると主張する。

多様性への対応

多様な専門性や経験を有する人材によって多様な方法による教育を行うことを可能にする。

体系的な取組

教員の資質能力の向上のために、養成・採用・研修が一貫した理念の下、また、それらを行う主体が相互に関連して体系的に取り組む。

主体となる国、大学等は役割と分担を明確にしながら相互に緊密な連携・協働体制を構築する。

独立行政法人教員研修センターの機能強化を図る。

次世代の教育像を意識した取組

日本社会やその中の教育の将来像を描きつつ現在行わなければならない取組を逆算的に明らかにして、改革に取り組む。

全体を通じて教員の役割の重要性が度々強調されるが、その裏には、現状の教員の資質や能力では不十分であるという現状否定が透ける。厳しい現状の中で奮闘している教員たちは「これでもまだ足りないというのか」という感想を持ったことだろう。

これが現在進められている教員の資質・能力向上のための改革の基調となっていることを再確認しておきたい。

求めているのは「聖人君子」

この方向を踏まえて、実際の採用、教員研修にあたる都道府県・政令指定都市の教育委員会は、各地の現状や問題点を加味して具体的に求める教員像を定め、教員育成指標、教職生活を通した研修計画を作成することが求められた。

2020年10月時点で各教育委員会が公表している「求める教員像」の内の数例を図表

3として挙げてみる。この数例からも、各教育委員会が作成した「求める教員像」には先述の報告等に登場する文言が多く使用され、内容の方向性も合致していることが確認される。この傾向は図表3に掲載していない他の教育委員会が作成した「求める教員像」でも同様である。

図表3で筆者が注目する点を挙げてみたい。1つは「使命感」の重視である。「使命感」は図表3では1つを除く自治体で記載され、「強い」「崇高な」などの形容詞で強調されているところもある。直接の記載はない愛媛県でも「誇りと気概を持って教育に当たることのできる人」という表現があり、使命感と類似のものが求められていると判断できる。公教育を担う教員という仕事の性格上使命感を持つ必要はあるだろうが、あまりにも強調されると、使命感のための自己犠牲をも肯定する雰囲気が教員内に生じてしまわないか心配になる。

2つ目は、組織の一員という点が、強く打ち出されている点である。図表3では記載されていない自治体もあるが、「求める教員像」のより詳細な説明の中には必ず明記されており、現在の教員に強く求められている姿勢である。しかし、組織の一員としての行動が強く求められれば、その構成員である個人への規制につながらないのか。第2章で挙げた

図表3　各自治体の「求める教員像」

北海道（札幌市）	・教育者として、強い使命感・倫理観と、子どもへの深い教育的愛情を、常にもち続けている教員 ・教育の専門家として、実践的指導力や専門性の向上に、主体的に取り組む教員 ・園・学校づくりを担う一員として、地域等とも連携・協働しながら、課題解決に取り組む教員
富山県	【誠実に率先して働く教師】 　教職に対する使命感や誇り、責任感をもち、誠実に率先して働く教師 【子どもの意欲を高める教師】 　心を尽くして子どもを慈しみ、夢や希望を語り、子どもの意欲を高める教師 【専門的な力量のある教師】 　教材解釈、学習指導、子ども理解、学級経営等の専門的力量のある教師 【協調性のある教師】 　同僚や保護者、地域の人々等の声に耳を傾け、協調性のある教師 【常に学び続ける教師】 　自らの指導力や人間性を高めるため、事実から常に学び続ける教師
愛知県	1.広い教養と豊富な専門知識・技能を備えた人 2.児童・生徒に愛情をもち、教育に情熱と使命感をもつ人 3.高い倫理観をもち、円満で調和がとれた人 4.実行力に富み、粘り強さがある人 5.明るく、心身ともに健康な人 6.組織の一員としての自覚や協調性のある人
山口県	・豊かな人間性と人権尊重の精神を身につけた人 ・強い使命感と倫理観をもち続けることができる人 ・児童生徒を共感的に理解し、深い教育的愛情をもっている人 ・幅広い教養と専門的知識、技能をもっている人 ・豊かな社会性をもち、幅広いコミュニケーションができる人 ・常に自己研鑽に努める意欲とチャレンジ精神のある人
愛媛県	①子どもが好きで、未来を担う子どもたちを育成しているという誇りと気概を持って教育に当たることのできる人 ②愛顔（えがお）があふれ、あいさつを大切にする人 ③仕事にも人にも誠実に向き合う人

各自治体の教育委員会、教員採用試験HP（2020年10月時点）より筆者作成）

2つの事件が象徴的であるように、最近の教員集団の雰囲気を考えると不安をぬぐえない。

さらに、全体的に理想的な心地よい表現が多用されている点がある。「心を尽くして子どもを慈しみ、夢や希望を語り、子どもの意欲を高める」教員が存在していれば素晴らしいが、果たして現在の職場環境や社会情勢の中でそれが可能なのか疑問である。

また、その人が「広い教養」や「豊かな人間性と人権尊重の精神」を持つか否かを、あるいは「仕事にも人にも誠実に向き合う人」「明るく心身ともに健康な人」であるか否かを、採用側は短時間の採用試験でしっかりと見極められるのだろうか。理想的な美しい表現が並んでいるのを見ると、採用の際にはそのような人物であっても、働く環境によってはそうでありつづけることが難しいのではないかなどと考えてしまう。

これまでは「求める教員像」の例を見たが、次にそれを受けて各教育委員会が定めた教員育成指標及び教職生活を通した研修計画の一例を図表4として示してみる。これは、岡山県教育委員会が作成した全23ページの資料の一部だが、他の教育委員会が作成したものの中には70ページを超えるものもある。どの教育委員会が作成したものでも、教員に求めている資質や能力がライフステージごとに幅広く詳細に定められている。そこに使われている文言や内容は「求める教員像」、その基となった先述の報告をなぞっている。「一貫し

図表4　岡山県教育委員会が作成した資料

2　教員等のキャリアステージごとに求める資質能力

キャリアデザインやキャリアステージに応じた複数の職能成長を踏まえて、キャリアステージごとに求める資質能力を示す。

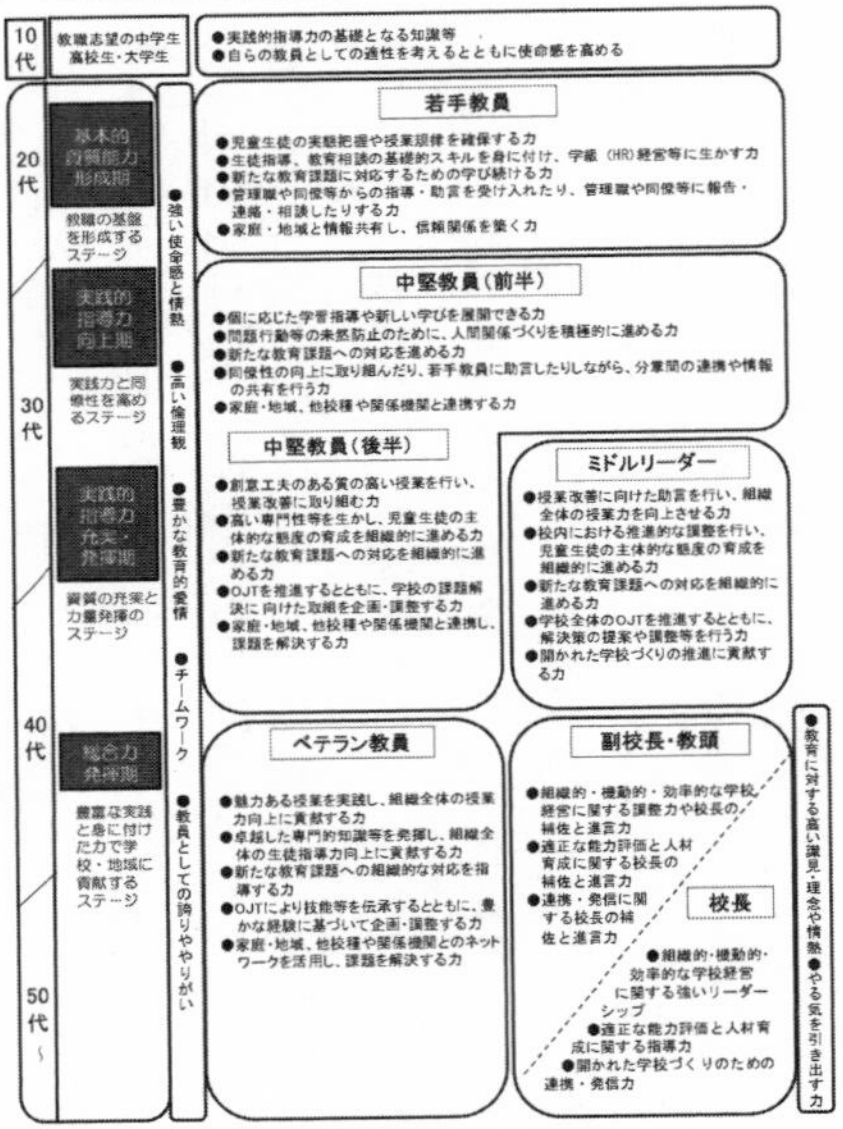

※再任用教員はベテラン教員に、経験年数の短い講師等は若手教員に準ずる。

た理念の下」、各主体が「相互に関連」することが文科省から求められたのだから当然なのだろう。

改めて、求められている資質や能力等を見ると、その内容と多さに元教員である筆者は戦《おのの》く気持ちを禁じ得ない。現役の教員、教員志望者の中には、これだけの資質や能力を求められるのかと、我が身を省みて自信喪失する者もいるのではないだろうか。これほどの資質や能力が求められるのであれば、教員という仕事はまさに高度専門職である。だが、現実にはそうは見られておらず、それに見合うような労働環境や報酬、社会的なステータスはない。

実際に審議の過程で文科省に寄せられたパブリックコメントでは、これにより多忙化に拍車がかかることを心配する声が多かった。研修を受ける側の教員の負担、指導教職員の負担をともに軽減すべきという意見、教員免許更新制度は教員の負担に拍車をかけるという意見、さらに「教員の『育成指標』は、画一的な教員養成・キャリアシステムにつながる」という強い懸念を示す意見もある。そして、全体を通して「財源措置を確実に行うように明記してほしい」という、おそらく学校現場にいる者に共通の意見も見られた。筆者もこれらの意見にまさに同感である。

しかし、切実な声がその後の改革の道筋にどのように生かされているかは明らかにはされず、改革は粛々《しゅくしゅく》と進んでいる。

興味深い「優秀教員」の調査研究

2014年11月に出された中教審の「これからの学校教育を担う教員の在り方について（報告）―小中一貫教育制度に対応した教員免許制度改革―」は、当時の文部科学大臣の諮問を受けてまとめられたものだが、その裏には教育再生会議、教育再生実行会議、グローバル化の進展の中で危機感を強める経済界等の意向が強く影響している。

それとは別の方面から影響を与えたと考えられるのが、2011年にまとめられた国立教育政策研究所の「教員の質の向上に関する調査研究報告書」の存在である。2007年から2010年にかけて行われた教員研修に関する調査研究だが、その第4章に「優秀教員の力量形成に関する調査研究」があることに注目したい。

「優秀教員」の制度は一部の教育委員会ではかなり以前から行われていたが、「指導力不足教員」への批判の高まりに対比させるかのように「優秀教員」の文部科学大臣表彰が2006年度から行われ、実施する自治体が一気に拡大した。教員の能力に見合った教員評価を行うべきとする改革の具体策の一つでもある。先の調査が行われた2009年には、回答があった62都道府県・政令指定都市のうち約86%が実施していた。選考方法等も尋ねているが、勤務校の校長推薦か学校を設置している教育委員会の推薦、あるいは両者の推薦との回答がほとんどとなっている。

同調査では「優秀教員」に選ばれた経験がある223名（小学校89名、中学校88名、高校46名）にアンケート及び取材による調査を行っている。

質問事項は教員のライフコースに着眼したものになっているのが面白い。2011年、中教審は「今後の学校におけるキャリア教育・職業教育の在り方について」答申を出しているが、これに先立って率先して導入するかのようでもある。

ここでは、ライフコースを①教職経験が初任から5年未満、②5年以上15年未満、③15年以上と分類し、以下のような質問を行っている。

(1) 教員になる以前

・教員になりたいと思ったきっかけ、思った時期

・小・中・高での経験、教職課程での経験

(2) 教員になってから

・各ライフコースでの経験で役立ったこと

・教員及び授業の理想として目指すイメージ、その実現のために心掛けていること

「優秀教員」となった人の過去と現在を調べることから、教員として望ましい資質・能力、その形成過程を分析し、その結果を養成や資質向上の研修に役立てようとする意図が質問事項から伝わる。

「仕事のやりがい」に惹かれて教員になる人が過半数

先の質問に対する回答を概観してみよう。教員となるきっかけの1位は「教師との出会い」（50・7％）、2位は「大学や学部の選択」（33・6％）、3位は「家族の影響」（26・5％）であった。

後述する筆者が取材した教員たちも教員との出会いを語る人が多いので、この結果にはうなずける。自身が児童・生徒の年齢層だった時に、最も身近な大人と仕事は教員なので出会いの機会も多く、経験として鮮明なのは当然でもある。

3位の「家族の影響」は具体的にどのようなものなのかまではこの調査で聞いていない。筆者が学校現場で出会った教員には両親や祖父母が教員という人の割合が高い。中には3世代、加えて親族の大半が教員という家庭の人もいる。家族・親族から仕事について聞くことも「家族の影響」に含まれていると思われる。

教員になりたいと思った理由としては、「仕事のやりがい」（62・8％）、「教えるのが好き」（43・0％）、「教師へのあこがれ」（39・6％）が上位の回答であり、仕事にやりがいを感じている割合が高いのが特徴的である。仕事の場で能力を認められている「優秀教員」だからこその回答だろう。やりがいの陰に長時間労働はないのか気になるが、同調査ではそこには踏み込んでいない。

教師になりたいと思った時期は、「高校」(33・6%)、大学(31・4%)、中学(26・0%)と続く。また、良い教員と出会った時期の学校種教員を志望する傾向が認められるという。

大学の教職課程での体験で役立ったことは、どの学校種でも「教育実習先で出会った教師」「教育実習先で出会った児童生徒」「教育実習先での授業実践」が上位3位であったが、中高では教科科目の内容や大学での学修体験がそれらに続いている。教科担当制が行われている学校種では教科の学習内容が好きで教員になる人が多いことの一端だろう。

「優秀な教員との出会い」が一番役立つ経験

次に教員になってからの経験について見てみよう。

各学校種とも「校内での優秀な教員との出会い」「校外での優秀な教員との出会い」が非常に役立ったことの上位となっている。高校では小中にはない「地域の教科等の研究会」が入るのは教科の専門性がより強いことを示すと考えられる。

また、教員としてのライフステージによって、役立ったものとして回答される経験にも違いが生じている。特徴的なもののみを挙げると、初任から5年目までは「学校内での授業研究」が6割以上の回答となっている。5年以上15年未満になると、「研究主任、研究推進委員長の経験」が上位に入り、校内でかなり責任ある立場になっていることが読み取れる。

15年以上経験者からは「長期研修生（大学院）」や「研究主任、研究推進委員会の経験」の回答がある。自分の定めた目標に応じて校務や教科での専門性をより高めたいと考える教員、校内でリーダーになっている教員の存在がわかる。

しかしながら、大学院への長期研修に行ける教員はどの地域、学校種でも少なく、「優秀教員」に選ばれるような人だからこそ行けたと推測できる。長期研修は、管理職へのワンステップともなっており、特にこの傾向は小中学校では顕著である。筆者は、先日、首都圏の小規模市で校長を務めた退職教員から「長期研修に出たのに管理職試験を受けないことは、この地域の小学校では認められない」との話を聞いた。

同調査研究では、最後に、理想としている教員像、目指している授業、そのために心掛けていることを尋ねている。小学校では「信頼される教員」「子どもとともにある教員」

「指導力のある教員」が上位の回答である。

中学では「信頼される教員」「指導力のある教員」「授業のできる教員」「向上心のある教員」「尊敬できる教員」等々と目指す教員像が多岐にわたる。これは、中学生の時期が人の成長過程の中で最も気持ちの振れ幅が大きく難しい時期でもあり、そのような生徒と接する教員は、自らの指導体験により目指す教員像が異なるようになるからではないかと、筆者は推測する。

そして、高校では「授業のできる教員」「あたたかい教員」「尊敬される教員」「専門性のある教員」が上位の回答となっている。高校では専門性もさることながら、教員の人間性に関わるものが重視されている印象である。

目指す授業は当然ながら「分かる授業」

「目指す授業」では、どの学校種でも1位は「分かる授業」だった。その上で、小学校では「学び合う授業」「自ら学ぶ授業」、中学では「学び合う授業」「自ら学ぶ授業」、高校では「考える授業」が「分かる授業」と同数で1位、その次が「生き生きする授業」となっている。

そのような授業にするために心掛けていることも、1、2位は全学校種変わらず、「教材の開発や研究を積極的にしている」「常に自分で課題を見つけ、授業改善の努力をしている」だった。しかし、3位は、小・中学校がともに「前の授業の振り返りを生かして授業改善をしている」、高校では「研究会や学会に積極的に参加している」も並ぶ結果となっており、義務教育段階と高校の違いが明らかな点は興味深い。

以上、2011年にまとめられた国立教育政策研究所の調査研究から「優秀教員」について見てきた。この「優秀教員」のライフステージが、その後の教育改革で提唱される教員生活を通じた資質・能力の向上、教師のライフステージのモデルとなったと推察できる。

調査結果への疑問

非常に興味深い調査とは認めながらも、筆者はこの調査結果に疑問を持つ。

まず、アンケートや取材の対象が「優秀教員」だけに限られているという点である。先述したように、「優秀教員」は勤務校の校長、管轄する教育委員会により選ばれた教員である。校長等管理職と教育委員会には人事に関する強いパイプもあり、両者の「優秀教員」選考基準は同質のものと考えられる。

筆者も、「優秀教員」に選ばれた教員を何人か知っているが、確かに素晴らしい教員も含まれる。その一人の中学女性教員は教科指導に熱意があるだけでなく、担任するクラスにいる発達障がいの特性を持つ生徒のために、学校ではどのような支援が可能か、その生徒が通う医療機関に自ら出向いて説明を聞くほど一人一人の生徒を大事にする教員だ。もちろん、本人・保護者、医療機関にきちんと事前了解も取った上である。彼女が「優秀教員」に選ばれ、翌年、長期研修に出て学校現場を離れた時、「ほとんど学校にいないので何か起こった時に頼れない」と多くの保護者が嘆いたくらいだ。

しかしながら、一方で、教科指導や生徒指導に非常に優れているのに、「優秀教員」には選ばれない教員もいる。多くの地域では自己申請する手続きがあるので、本人にその気がなければ選考の俎上《そじょう》には上らない。さらに、選ばれるかどうかは、勤務校管理職や教育委員会にその教員が普段どのように接しているかも大いに関係しているようだ。まして、教員評価が給与等の待遇面にも関係している現状では、自身の利益のためだけに「優秀教員」となるように頑張っている教員もいないとは限らない。

先の調査の対象となった「優秀教員」がそうだとは思わないが、同じような価値観を持つ人や機関に選ばれた者のみの調査結果から、教員全体の資質や能力向上の指針を決めるのは、同質の教員のみを育成することになるのではないか、それは多様な教員が必要という他の提言とは矛盾するのではないかとの強い疑問を感じる。

　さらに、調査では、「優秀教員」の勤務時間については質問していない。学校現場には児童・生徒のために長時間労働を厭《いと》わない教員が多数存在する。彼らは「熱心な先生」と周囲から言われ、実際に成果や実績も出しやすく「優秀教員」と認められやすい。しかし本来であれば、勤務時間内でそれなりの成果等を挙げられる教員こそ、「優秀教員」ではないだろうか。

　もう一つの疑問は、既に発表から10年近く経ったこの調査結果や報告の定めた方針を、現在の教員に当てはめることが妥当なのかという点である。

　この調査から現在までの約10年間で、日本社会はさらに大きく変わっている。この間、次々と実行された「教育改革」は、教員の多忙化を一層進めている。加えて、新型コロナウイルスの感染拡大により現在の社会情勢下における学校の存在の大きさ、問題点も再認識され、その一方で、従来の学校のやり方のマイナス面も明らかになっている。

　このような現時点での問題点を加味して、既に公表された提言に拘《こだわ》らず、教員に必要な資質・能力や、その養成・育成等を改めて見直すべきではないだろうか。そして何よりも、それぞれの教員が持っている資質や能力を、ストレス等に邪魔されず遺憾なく発揮できるような労働環境にすることが最優先されるべきなのではないかと、筆者は強く思う。

第5章

教員のリアル
――5人のインタビュー

取材でわかった教員のリアル

前章では、国の「求める教員」像と想定するライフステージを見てきた。それらは限られた基準で選ばれた一部の教員の体験、既に現実に合わない将来予想像などから立案されているのではないかとの疑問も投げた。

何よりも重要なのは、今この時、学校現場で児童・生徒と接している教員はどのような生活をしているか、さらに、立て続けかつ足早に行われている改革は、実際にはどのような影響をもたらしているかを明らかにすることではないだろうか。

そこで、先の国立教育政策研究所「教員の質の向上に関する調査研究報告書」の第4章を基として、より細かく、現役教員の日常生活と教員としてのライフステージについて尋ねてみることとした。筆者の取材に応えてくれた方々は、「優秀教員」として表彰された経験がある教員でも組合活動を熱心に行っている教員でもない。しかしながら、教員として素晴らしい資質・能力を備え、真摯に教員生活を過ごしてきたことを、筆者が直接的、間接的に知っている方々である。彼らのライフステージを追いつつ、今、教員に求められている資質や能力、そしてその向上のために何が必要かを探ってみたい。

教員を目指す学生の声

現役教員の声を聞く前に、教員を目指している人の声を少し聞いてみる。親しい大学教員に協力を依頼し、2019年12月に、大学の教職科目を取っている学生へのアンケートを実施してもらった。

協力してくれた教員は首都圏にある国立大学で理数系の教職科目を20年以上教えている。彼が担当する講義は原則として3年の学年指定である。教員免許取得のために履修しなければならない講義・実習は多いので、熱意の低い学生は途中で挫折することが多い。残った者は教員になることを強く志望している学生と言える。そのため受講人数は少なく、回答が得られたのは16名である。統計的には不十分な数字ではあるが、彼らがどのような思いで教員を目指しているのかを知る手がかりにはなる。

学生には、教員になりたい理由を自由に書いてもらった。その結果、どこかの学校段階で魅力的な教員に出会ったことを挙げた学生が5名で最も多かった。これは、先の国立教育政策研究所による「優秀教員」の調査結果と同じ傾向である。学生の回答では、教科の面白さを挙げ、それに接していられる仕事として教師を選ぶという者が3名、自分にとって中学時代は大きな意味があったので、中学で生徒の役に立ちたいという理由が2名いた。この他、両親が教員だったので仕事を身近に感じていた、親が教員を勧めたといった家族の影響、生涯の資格として免許が欲しい、人に教えることが好き等の理由もあった。

ここに、学生が書いた回答文を一部抜粋してみる。

- 高校生の時、生物の授業が面白く、その先生の立ち居振る舞いに憧れ、自分もそうなりたいと思った（女性）
- 中学校の時の担任の先生に憧れたからです。その先生は、毎日いろいろな生徒に話しかけていて、何気ない話をよく聞いてくれる先生でした。その先生が学校にいてくださったおかげで毎日楽しく中学校に通えたと思います（女性）
- 人の人生に深く関わることができる仕事がしたいと思ったのがきっかけです。中学校を志望しているのは、人生において一番多感で成長をそばで感じることができる3年間だと考えたからです（女性）
- 先生になることによって、これから社会に出て生きていく生徒に関わり、良くも悪くも影響を与え、場合によっては、その生徒の人生を変えるきっかけになることができるかもしれないから。その行動、行為には大きな責任がついてまわるが、それでも生徒のためにできることをしたいと思っている（男性）

- 第1に、純粋に数学が好きだから。大学までに学んだことを生かせる職業として教職は最適だと思う。第2に、子どもたちに数学を好きになってもらいたいため。私は、小中と算数・数学を学び、問題をとき、答えを出す、その楽しさを知った。これと同じ楽しさをより多くの子どもに味わってもらいたい（男性）

非常に高い志で教職を目指していることがわかる。アンケートは無記名、該当授業の成績には無関係と学生に伝えているので、自身の成績のために忖度《そんたく》して書いた回答ではない。建前の回答かもしれないが、それでも本心の一部だろう。

協力してくれた大学教員に、学生の気質や能力等について聞いてみた。

「基本的には授業に対しては真面目です。授業に関する指示やするべきことの理解は早い。一方、知識に関しては、理系なのに動物や植物、自然現象に関しては驚くほど知らない学生がいます。専門的なことは随分難しいことを知っているのに」と語ってくれた。その上で「一番心配なのは、学生の授業に臨む姿勢が変わったように感じられること。最近は授業の開始チャイムが鳴っても、パソコンやスマホを見ていたり、友人とのおしゃべりを止めない学生が増えている。君たちが教員だったら、そのような生徒を見てどう思うか、と問うても、何ら感じない顔をしている。教員志望の学生なのに、教わる側から教える側への意識の転換がうまくできないようです」と続けた。

学生の態度の変化は、彼らが経験してきた学校教育の変化が生み出したものとも考えられる。今、20歳ほどの彼らは、「脱ゆとり路線」が明確になった学習指導要領下で学び、中学生頃に大津いじめ事件や桜宮高校事件など教員の資質や能力が問われるような事件が生じている。学習面では国立大学に入学できる学力レベルに達しているので、授業がわからなくて困るという体験はしていないと推測される。そのような彼らは、学校生活の中で魅力的な教員に会った体験があると言いながらも、教員全体に対しては尊敬する気持ちは持っていないのかもしれない。

教員採用試験合格までの道筋

では、教員志望の学生はどのような準備や体験をして教員になっていくのか。多くの志願者は大学の教職課程だけでなく、その他にも採用試験準備をして採用試験に臨む。教員志望者向け雑誌を読んだり、教員採用試験セミナーと称される講座やインターネット講座を受講したり、問題集を解く、塾講師のアルバイトで教える体験を積むというのが従来あった一般的な方法である。

それに加えて最近は、各自治体が独自に設けている学習補助員や貧困家庭支援のための学習支援のアルバイトやボランティアをすることを大学でも推奨することが多い。

現役学生の時に受験して不採用となり、そこから臨時採用講師や非常勤講師等の非常勤教員として働き始めて正式採用を目指す者もかなりの割合を占める。現場での講師体験がその人の学校教育への知見を深め、そこで頑張って校長に認められると採用試験に有利になるという話をよく聞く。一定期間以上の現場教育歴がある人には、試験の一部を免除する等明確な特典を明記している自治体もある。

その一方、講師をしている時は多忙さで試験勉強をする時間が全く取れず、採用試験を受け続けることになる人もいる。また、自分は教員に不向きと気づき、他の職業を希望するようになる者も少なくない。

文科省が２０１９年12月に発表した「令和元年度（平成30年度実施）の公立学校教員採用選考試験の実施状況のポイント」から近年の公立学校教員採用試験の状況を見ると、採用試験受験者の内、新卒者が受験生に占める割合は、小学校で2019年が36・4％、2018年35・5％、2017年34・6％、中学で2019年が29・6％、2018年30・2％、2017年31・0％となっている。一方、採用された者の中で教職経験がある者の割合は、2019年で小学校が48・5％、中学が57・3％、高校が56・1％となっている。これらの数値を比べてみると、小学校では新卒受験者の採用率が他の学校段階と比べてやや高いことがわかる。この理由はどこにあるのだろうか。

増加する「先生塾」

近年は、小学校教員の確保が各自治体にとって重要課題となっている。各学校段階での教員採用試験の倍率低下が認められるが、中でも小学校教員の低下は著しい。先に挙げた文科省の資料では、2019年の小学校教員採用試験の平均倍率は全国平均で2・8倍、採用数は1万7029人、中学が5・7倍で採用数8650人、高校は6・9倍で4345人と、倍率の低さも採用数の多さも他の学校段階を引き離している。中でも、新潟県、福岡県、佐賀県、札幌市等は2倍以下、この他の都市部でも低倍率の傾向にある。

文科省の分析では、倍率低下の主な理由として大量採用期に採用された教員が定年を迎えていること、個に応じたきめ細かい指導が必要となって採用数が増加していることを挙げている。これらは以前から予想されたことでもあり、その対策として打ち出されたのが、いわゆる教員塾である。

自治体によって「先生塾」や「教員養成塾」等呼称は異なるが、教育委員会が主体となり教員養成課程を持つ地域の大学等と協力して開設する。そこに、教員志望の学生が参加するのだが、参加には在籍する大学教員の推薦や教育委員会の面接が必要とされる。そして、教育委員会指導主事や現役教員、大学教員による講義や研修が1年間行われる。

現役学生を対象とした教員塾は、教員採用試験の志願者減への対応、求める教員の早期育成と研修も一体化している一石三鳥の方策と言える。参加者は確実に合格する、1次試験が免除になる等の噂も流れている。確かに、教員採用試験を実際に取り仕切る教育委員会から教員になるための講義を受けるのだから、講義や研修を通して採用試験のポイントが自ずとわかってくるだろうし、目立つ学生は教育委員会側の記憶にも残るだろう。

実際にどのような内容が行われているか、先駆的存在の東京都の「教師養成塾」を2020年度用パンフレット等から少し見てみたい。

当塾は2コースあり、小学校コース130人以内、特別支援学校コース20人以内が定員である。応募できるのは、東京都と連携している45大学の教員志望の学生で、応募にはいくつかの要件があり、加えて在籍大学の学長推薦、成績証明書の提出が求められる。その後、1次選考として小論文、教職・専門教養試験、2次選考の個人面接を経て、入塾者が決まる。入塾者の選考自体が、教員採用試験の模擬試験のようであり、それまでに相当準備をしている学生しか選ばれないだろうと推測できる。

入塾後は、予《あらかじ》め選定されている教師養成指定校での特別教育実習と教科等指導力養成講座に約1年間参加する。特に、特別教育実習では授業参観・実践だけでなくクラス指導等も含めて年間40日の実習が行われる。この他に、英語の特別講座、障がいを持つ子どもを対象とした支援学校見学、教育に関する動画視聴等教員になるために至れり尽くせりのプログラムが用意されている。このパンフレットでも1年間を形成期・伸長期・充実期と3期に分けたライフステージ構想が提示されている。文科省の考え方が反映されているだけでなく、充実期の目標が「4月から学級担任となる自覚を高める」となっており、修了者の採用が約束されているかのようだ。

受講のための費用は2020年度では年額18万7000円で原則受講者負担だが、塾を修了した翌年度の採用試験で合格すれば免除となる。

この塾の修了者は2005年の1期生から15年間で1899人が正規教員となっている。通常の大学生活に加えて塾のスケジュールをこなすのは、非常に真面目な学生でなければ無理だろう。現に、各地で途中で退塾する学生も毎年いると聞く。また、応募できる学生数は大学により決まっているが、学力に自信がない学生は応募させないという教職担当教員からの声もある。免除になる可能性はあるものの、相当額の自己負担があれば、経済的にゆとりのない学生は応募できないだろう。

このような教師塾に参加することが採用試験合格の最大の近道と言われており、小学校教員で新卒学生が多く採用されるのは、こうした塾の存在が大きいと考えられる。しかし、応募の段階での制限、さらに塾内での養成教育の内容等から見ると、これらは型にはまった教員を送り出す機関と見ることもできる。おそらく、形は出来ていて、現場にとって即戦力になるだろう。しかし、教育改革や教育行政への公平な見方や批判力などは十分に備わっているのか、疑問を禁じ得ない。

相当な受験勉強をしなければ受からない

各地で教員塾が増加しているとはいえ、そこを経て教員になるのは採用者の一部である。

次に、一般的な志願者は、実際にどのような方法を取って教員採用試験に合格し、初任教員になるのかを見てみる。

教員志願者の必読雑誌の一つである『教職課程』(協同出版)では、「教員採用試験 必勝合格法」と銘打って合格者への取材記事を掲載している。同書は教員採用の主流を行く雑誌なので、ここに載せられる体験談はオーソドックスなものと見ることができる。

2020年1月号では2019年実施の試験に受かった3人の座談会が特集されている。大学4年で小学校採用試験合格の男性、同じく現役で中学校合格の女性、臨時採用2年を経て小学校に合格した男性である。

現役合格の2人は、大学2年後半から教員採用試験の勉強を始めている。1人は「大学2年生の冬から試験日までずうっと勉強してきた」と語っている。教員採用試験は筆記試験と小論文、面接試験、それに模擬授業があるのが一般的であり、さらに筆記試験には教職教養と専門教養があり、面接は個人面接と集団面接がある。

筆記試験対策は、大学受験同様、自分が受けたい自治体の過去問題集を中心に進めている。同じ問題集を「たぶん5周やりましたね」と合格した女性は言う。面接対策は2人とも『面接・場面指導100』という同じ参考書で勉強したと語る。倍率から考えれば教員採用試験が易化しているが、合格には大学受験同様の勉強が必要と彼らの話からわかる。

気になるのは、面接試験だ。面接試験対策に定評のある参考書だが、大勢の人が同じ参考書で対策するのであれば、同様の回答ばかりになりはしないのだろうか。採用する側の価値観に合わない個性的な回答をする者を好まない傾向があるのか気になるところだ。

筆者は、最近まで採用試験で面接官や小論文採点者を務めていた元校長から「面接での評価の決め手は、一緒に働きたいか、部下にしたいかという点」という言葉を聞いたことがある。以前は、面接官は校長など管理職、教育委員会指導主事が務めていたが、近年は、多様な価値観で行うべきとの文科省の意向を受け、企業人他が面接官に加わる自治体が多い。しかし、先の元校長によれば、やはり結果的には教育関係者の評価に引き寄せられることが多く、この人が関わった面接では、「この人は一緒に働きたくない」と感じた人は一人も採用されなかったそうだ。しかし、これでは、一定のタイプ、同質の人間が採用されるままにならないだろうか。

再び、合格者の話に戻ろう。3人の内、臨時採用経験者は現役の2人とは少し違う体験を語っている。彼は、現職の教員が「今やっていること」自体が最大の試験対策だったと言う。彼は仕事をしながら教員採用試験対策のインターネット講座で作文、面接、専門教養を勉強する。彼が受けた自治体では筆記試験の教職教養は講師経験者には免除になる。そして、面接対策として最も役立ったのは「所属校の校長先生や上司の先生と対策していた」ことだと話す。

講師と言ってもクラス担任を持つような多忙な毎日の中で頑張って働き、効率的に受験勉強をし、管理職も素質や努力を認めていたのだろう。細かい部分ではあるが、彼の発言で「上司」という言葉が使われていることが、筆者には目にとまる。従来の教員間の感覚では「上司」でなく「先輩」と表現するのだが、「上司」という言葉に、先述した教員間にランク付けをする改革が生んだ変化が表れていると考えられる。

講師としての赴任先で管理職に認められると採用試験に有利になるという話はある。教員としての適性があるという評判が、どこかで採用する側に伝わるのだろうが、逆に管理職の覚えが悪ければなかなか合格できないことにもなる。現役教員人事への校長の影響力は採用段階でも同様なのかもしれない。

この座談会の最後に、司会者である教職課程担当大学教員によるまとめがある。それによれば、採用試験も、現職教員も、インプット型からアウトプット型に転換しなければいけない時代に入っているのだが、実際にはアウトプットが苦手な人が多い。それは、一人で学び、机上で勉強しているだけであることに起因する。学んだことを人前で話し、フィードバックを得てさらに体験を深め、経験に昇華する段階を数多く経た人が、「安定的に採用試験が受けられる人」であると言う。

「安定的に採用試験が受けられる人」との表現がわかりづらいが、おそらく合格できる、もしくは受けたことがプラスになる人とここでは解釈したい。従来、教員は児童・生徒の前で授業というアウトプットをする仕事なので、今さらアウトプットができる人になるように求めるのも不思議な気がするが、要は、独りよがりにならず他者と研鑽《けんさん》し合うような人であれということだと筆者は受け取った。

座談会に参加した3人の正式な教員生活は、この4月から始まっている。新型コロナウイルス感染拡大の影響で、前代未聞の異常なスタートとなったが、彼らが健康で働いていることを願って止まない。

ここからは、筆者の実施した5人の教員のインタビューに移る。

「ずっと学校が大好きだった」

高藤（仮名）さん、20代、男性、小学校教員

最初は教員生活をスタートさせたばかりの人の話を紹介していく。取材に応じてくれた高藤（仮名）さんは2020年1月の取材当時は教員1年目、落ち着いた物腰で笑顔を絶やさない青年だった。教員＝ブラックな仕事と広く認知されている今、教員になることを目指して実現させた彼のストーリーを追ってみる。

会社員の父、パート勤めの母、4つ下の弟の4人家族で彼は育った。彼は小学校以来、ずっと学校が大好きだったと語る。

地元の小規模な公立小学校に入学した彼は、3年生の時のことを楽しそうに語った。元気な彼はクラスの「3バカトリオ」の一員とみなされていた。定年間近の女性担任は休み時間にもいつも子どもたちと一緒にいた。子どもの一人が「先生、白髪があるよ」と言うと、「じゃあ、抜いて」と担任が答え、友人とともに白髪抜きをしたという。

4年生の担任は若い女性教員だったが、子どもの目から見ても指導力に乏しく、担任を馬鹿にした態度を取る児童が多くなったそうだ。

少し中だるみしたような学校生活が5年で変わる。担任は潑剌《はつらつ》とした体育会系の若い男性教員で、学習指導にも熱心だった。

小学校入学時から近所の個人経営学習塾に通っていた高藤さんは、それまでも勉強は嫌いではなかったが、「5年生の時に、もっと勉強をやるようになった」そうだ。この担任は自習学習でドリルを完成させると子どもたちにシールをくれてノートに貼らせた。「普通の丸いシールでしたが、それで自分の努力が可視化され、一層頑張って勉強をやるようになりました」と彼は語る。

運動はやや苦手だったが、それも変わり始める。サッカーをやっていた友人と一緒に朝早く登校して始業までの約1時間走るようになった。「もとはできなかったのでそれでも人並みになった程度でしたが」と言いつつも、この年に体力や運動能力が向上したことを実感したという。

6年生の担任も体育会系の男性教員でラグビーをやっている人だった。その影響を受け、クラス男子でラグビーチームを作って練習に励んだところ、地域の小学生チームリーグで優勝することができた。

楽しそうに5、6年の時のことを語る高藤さんの表情から、この2人の担任の存在が、後に彼を小学校教員志望にさせた遠因だろうと筆者は推測した。

公立中高一貫校に進学して

小学校卒業後は自宅からほど近い公立の中高一貫校に進学する。両親がその中学を気に入り「受けたらゲームを買ってあげるから」と言うので受験したそうだ。入試は最初に抽選、当たった受験生が面接に進む形式だった。

天性のコミュニケーション力で新しい環境にもすぐなじんだ。しかし、「最初の定期試験でショックを受けました。それまで取ったことのないような点数を取ってしまったので」と本人は語り、その後試験勉強を2週間前からやり始めるようになった。成績面で低空飛行を続けたくないと思い、努力を始める姿勢も高藤さんの強みだと感じる。

部活動はテニス部に入った。事前に顧問から練習は厳しいと聞かされていたが、実際の活動は放課後2、3時間の練習で、定期試験前は休みだったので、さほど厳しいとは思わなかった。2年生の後半、彼は部員の互選で部長に選ばれる。意外だったが、選ばれた理由を考えてみて「おそらく部活動で色々な場面の調整役を務めていたから選ばれたのだろう」と納得したそうだ。

中学は、好きな教科と嫌いな教科が明確になった時期でもあった。得意科目は数学と理科で、特に理科では3年時の教科担任の影響が大きかった。この教員はクラス担任でもあり、親しみやすく熱心な教員だった。授業中、つまらないオヤジギャグを連発し、生徒に冷たくスルーされてもくじけなかった。「授業では自作のプリントを使用していました。生徒が書き込む形のものでしたが、とてもわかりやすかったです」と彼は振り返る。

苦手な科目は国語、英語。「小さい頃からあまり本を読んでいないので、何語でも文を読むのが苦手なんです」と彼は苦笑する。

教員志望を固めた言葉

内部進学で進んだ高校は3年間同じ担任が原則で、担任は落ち着いた表情の20代女性教員だった。他の教員もとても年長者のように見え、「高校の先生って大人なんだ」と思ったという。

部活動は硬式テニス部に入ったが、部員間の人間関係が原因で2年生の時に退部した。

それからは勉強に力を入れようと、居住する県内に多くの教室を持つ進学塾に入る。実は、学校の授業ではわからない部分も多かったそうだ。彼は単純に覚えることは苦手であり、自分で考えて納得しないと気が済まないタイプだ。学校でわからなかったことを、塾で自分のペースで考え、時にアドバイスしてもらうことで深い理解につながったのだ。この塾での「わかった」体験は彼の進路選択に影響を与えることになる。

楽しく高校生活を過ごしていた彼だが、将来、どのような仕事に就きたいかは決まっていなかった。

そんなある日、学校の地域連携行事の一つとして、近くの小学校で授業補助をするイベントがあった。高藤さんは「授業に出なくていいし、最近の小学校の給食を食べてみたいなあ」と思ったことから、何気なくこの行事に参加した。

持ち前の他人に臆しない性格を発揮して、初めて接するさまざまなタイプの子どもたちに気軽に対応した。1日のスケジュール終了後、引率したクラス担任から「高藤が一番先生っぽかったね」と褒められる。日頃、多弁ではない担任が言ってくれた言葉に、彼は「自分は教員に向いているのかなあ」と初めて思ったという。

その思いが彼を大学の教育学部に進学させる。県内にある私立大学で、教員採用試験合格の実績が高い大学だったので、周囲の同級生はみな教員志望だった。

塾講師で教える楽しさに目覚める

高藤さんは大学入学後、自分が通った塾の講師アルバイトを始めた。このアルバイトで彼の能力が大いに発揮されるのである。

最初は、中学生に数学を教えていたが、一人一人の生徒が理解できるように、塾の教材を参考にそれぞれの生徒に合ったプリントを作成した。「中学3年時の担任の理科のプリント学習がわかりやすかったので」と彼は軽く言うが、そのための時間と労力は相当なものだったろう。

この努力が実を結び、彼は人気の講師になる。「先生のお陰でテストの点が上がりました」「できないことがわかるようになった」等の子どもや保護者の嬉しそうな顔と言葉が彼の励みになり、授業準備に一層力を注ぐようになる。授業終了後には彼の許《もと》に質問しようと順番を待つ生徒が長い行列を作るようになり、後には小学校・中学校の全教科を教えるようになった。授業準備や生徒対応に費やした時間に対してはもちろん時給は払われなかった。しかし、高藤さんはやりがいを実感し、勤務していた教室以外の教室からオファーが来た時は誇らしく思ったそうだ。

塾講師のアルバイトに熱中し、3年修了時までは教員採用試験の準備はしていなかったが、4年の4月から俄然《がぜん》準備し始めた。法規や一般教養、専門教養は必死に覚えたが、面接対策はほとんどしなかった。塾では、教室運営責任者が講師たちに「コミュニケーション能力を上げるために接客業でアルバイトをしてほしい」と言っていたが、その際、「ただし、高藤さんは必要ない」と言われていた。そのため、彼は「面接は大丈夫かもしれない」と思っていたのだ。

教育実習は出身高校で行った。ここでもあまり苦労はしていない。現職教員の授業見学もたくさん行い、高校生の時の担任だった教員の授業にも足を運んだ。日頃、多弁でない担任が、授業では少ない言葉で生徒をうまく動かしているのを見て非常に感心する。アルバイト経験を積むうちに、他の教員の授業を見る目も肥えていったようだ。

教育実習の指導にあたった元担任は「高藤さんは高校の時、クラスの中のどんな生徒にも普通に接することができました。ある意味、空気を読まない性格が教員に向いていると思ったのです」と後に語ってくれた。

7月の試験本番では、「短期間の勉強でしたが、学科試験は8割がた取れた自信があります」と彼は胸を張る。自信を持って臨んだ個人面接では、「席に落ち着いていられない子どもにどのように対応しますか？」という質問が出た。彼が1つ回答を出すたびに「他には？」「他には？」とどんどん突っ込まれ、自信が少し揺らいだという。

教員採用試験には集団面接もある。5人程度のグループで30分、1つのテーマについて話し合うのだが、彼が入っていたグループでは司会役の受験生がまとめ終わった時にあと5分残していた。高藤さんは咄嗟《とっさ》に「新しい議論の柱を立て、他の人々に発言を促して」残り5分を空白にしないような行動をとった。周囲に気を配れるのは彼の天性のものであり、集団面接の評価は相当高くなったと思われる。そう彼に伝えると、「塾講で時間を余らせないことをたたきこまれましたからね」と笑った。

この言葉が示す通り、塾でのアルバイト経験が大学での教職課程の勉強よりも採用試験にも現在の仕事にも役立っていると彼は実感している。教職課程で習ったことは、教員となった今、ほとんど役に立っていないか、教育現場が求めていることではないと言い切る。「新しい教育方法や哲学を生み出した人の名前を覚えましたけど、それは必要なんでしょうか」と彼は語る。彼の出身大学は教員採用試験での高い合格率を特色とする大学であり、そのためには文科省の方針に則った教員養成教育を実施する必要がある。高藤さんは即戦力を育成しようとする最新の教員養成課程で学んだ人である。即戦力になるための実践スキルを重視すると、得てして哲学や歴史などは軽視されがちになる。しかし、物事の本質を摑もうとするこれらの学問は、その人の生き方や価値観の芯になるものである。彼がこれから経験を重ねるにつれ、これらの重要性に気づく時が来るだろうと筆者は期待したい。

大学で行った模擬授業にも一家言持っている。「模擬授業で聞いているのは学生なので、質問すると答えてくれるし、仲間意識で助けてもくれる。これでは、本当の授業ができるようにはならない。模擬授業は児童・生徒の前でやってこその模擬授業だと思います」と彼は力説した。

高藤さんは、塾講師をしている時から「上から教えるのではなく、一緒に考える授業をやりたい」と思って、大学の友人ともそのような話をしていた。教員採用試験が終わってみると、合格したのは彼と同様の考え方の学生がほとんどだった。

また、彼の住む県ではいわゆる「先生塾」を設けており、彼の通う大学でも参加者を募集している。しかし、彼は「そんなものがあるんだ。でも、教育委員会などの偉い人の話を聞くのはかったるいし」と思い、参加しなかった。

初任校は特別支援学校

新採用の赴任先は原則として3月中旬に教育委員会から通知される。高藤さんは自宅から少し遠い場所にある肢体不自由児・生徒のための県立特別支援学校小学部に赴任する。大学の教職科目の一つとして特別支援は学んだが、身近に障がいを持った人はおらず、ほとんど基礎知識がないために実態がわからず、事前に不安はあまり感じなかった。

新年度から勤務する学校を初めて訪れた時、彼は「何をすればいいですか?」と学年主任に尋ねた。すると、「とりあえずおむつを替えてください」と言われ、非常に困惑する。弟が幼い頃にもおむつを替えた経験はないし、教職課程に含まれるため大学で実習先として行った障がい者施設等でもおむつ替えはやっていない。この時、「今度働く学校は大変なところかもしれない」と実感したという。

彼が赴任した県立特別支援学校は小学部・中学部・高等部があり、2019年度は全生徒数131名、内64名が小学部に所属する。特別支援学校の場合は教職員が通常学校より多く配置されるので、教員等109名、事務行政職員10名が勤務している。

小学部は子どもの障がいの症状により10クラスに分かれており、各クラス5人の教員が集団で指導にあたっていた。高藤さんのグループは50代のベテラン男性教員、私生活でも障がいを持った子どもを育てている40代女性教員、30代の男性教員、20代の女性教員で、ほぼ1年そこで過ごした今、「何か家族や親戚のような構成で、とてもチームワークがいいです」と彼は言う。

だが、仕事自体は想像以上に厳しかった。自分の意志通りに身体を動かせない児童への対応は、経験を積んだ先輩教員と高藤さんとでは歴然とした差がある。塾講師として培ってきた授業研究のスキルを使う機会もなく自信を失い、「この仕事をやっていけるか」と毎日考えていた。教えていた塾から「うちの会社にそのまま就職しないか」と誘われた言葉が頭によぎった日もあった。

その彼が、「この仕事で頑張ろう」と思った出来事がある。彼の受け持つクラスに小学4年生の女子がいた。彼女は簡単な手術のために9月に入院することになった。高藤さんは「手術を頑張って学校に戻ってきたら、聞かせてやるからな」と彼女と約束して、ギターの練習を始める。特別支援学校では子どもたちと一緒に活動するためにギターなどの楽器を弾く教員が多い。高藤さんもそうなりたいと考えたのだ。

しかし、障がいを持つ子どもの場合には体調が急変することも少なくない。簡単な手術だったはずが、合併症のため彼女は12月に亡くなり、高藤さんは約束を果たせなかった。彼は「自分は何もできなかった。自分が子どもの時、日々が続くのが当たり前だったけど、そうではない子どももいるんだ」と痛感し、「だからこそ、一日一日を大切にしなければいけない」と決心したのだ。

この日から彼の仕事への向き合い方が変わる。今、彼は「子どもと遊びながらも、一緒に考えている実感がある」と少し自信に満ちた顔で語る。「あまり早い時期には次の学校に異動したくない。特別支援のことをしっかり学んでプロになりたい」との決意も持ち始めた。一見、飄々《ひょうひょう》とした人柄に見えるが、どのような場でも目標を見つけ努力できる彼の真骨頂を、筆者は彼のこの言葉に見た気がした。

実際に教員になって思うこと

赴任以来、彼は電車で片道2時間かけて始業1時間前に学校に到着するように通勤している。新型コロナウイルスで全国一斉休校になった時期も、彼の勤務校はしばらく開校していたが、高藤さんは「むしろ、学校に行けて嬉しい」と思った。帰宅時間はさほど遅くないと言いつつも、学校にいる実質の時間は8時間を大幅に超えている。私生活が心配になって聞いてみると、「趣味ややりたいことはあるので大丈夫です」とやんわりと答えた。「働き方改革」についても意見を聞いてみた。「新米だし、毎日が勉強だから遅くなるのは仕方がない」と言いながらも、「勤務時間外の仕事に残業代を付けてほしい」と語り、続けて「そうなると、いつまでも残業する人もでちゃうかな」とも付け加えた。

仕事のやり方も変えるべきとの提案もあった。教員のライフステージの部分で述べた通り、どの自治体も初任者研修を行う。そのために勤務校での授業持ち時間は2年目以降の教員より少なくされ、勤務校内外での講話やワークショップ等への参加が課される。高藤さんは1年間の研修を振り返り、勤務校での研修は役立ったが、「教育センター等に集められて講義形式で行われるものはネット配信にして、それぞれの勤務校で空き時間に見るようにした方がいいのでは」と提案する。初任者にとっては勤務校にいて子どもと接する時間を多くすることが何より役立つと実感しているからだ。確かに、大人数を一箇所に集めて行うより、わからないところは何度も視聴できるインターネット利用の方が効果的かもしれない。「僕らの世代はネット視聴の方が得意。全員集めて実施したという形に、教育委員会とかが拘《こだわ》るんですかねえ」と高藤さんは不思議がる。この提案は、「ｗｉｔｈコロナ」の時代になった今年度以降実現される可能性が高いだろう。

教員1年目は校内での会議の多さに驚いた1年でもあった。「自分が校務分掌で所属している会議には必ず出席しなければいけない。チームワークができているんだから、そのチームの誰かが参加して、そのポイントを伝えればいいんじゃないでしょうか」とも提案してくれた。

教員になった今、もっと学んでおけばよかったと思うことを尋ねると、「子どもの成長過程をもっと勉強したかった。今、できるなら保育園に行って発達の様子を臨床的に見てみたい」との真面目な答えが返ってきた。

教員＝ブラックな仕事との見方が社会に一般に広まっているので、教員になることに迷いはなかったかと尋ねると、きっぱりと「迷いませんでした。小さい頃から学校が好きだったから。今、毎日給食も食べられるし」とユーモアを交えて話してくれた。

アルバイトを含め、学校と塾以外の場を彼はほとんど知らない。しかし、彼には教える意欲と子どもへの愛情が十二分にある。

彼は、学生時代に「先生塾」にも教員養成セミナーにも参加していない。教員採用試験対策の雑誌の定期購読もしていないし、模擬試験も受けていない。そういう意味では、今、教員となる人たちの中では少数派と言えよう。だからこそ、大学の教員養成課程や新任研修について語る彼は、自分の判断と言葉で語っている。現在の教員養成課程の影響は受けているものの、まだ定型化されていない高藤さんが、今後の教員のライフステージをどのように進むのか、非常に楽しみでもあり、また一抹の不安もあるのが筆者の率直な感想である。

「管理職の仕事ってなんだろう」

田中（仮名）さん、30代、女性、高校教員

文科省や各教育委員会の教員ライフステージ構想では、教員経験5年目あたりまでを「基礎形成期」、6年目から10年目を「資質成長期」、11年目から20年目あたりを「資質充実期」等といった文言で表現している。

特に、10年目から20年目は中堅教員として括られ、ここに該当する教員の資質能力の向上、及びミドルリーダーとしての能力の育成に特に力点を置いている。具体的には、学級経営、教科指導、生徒指導での十分な経験を積んだとし、そこから進んで全校的視野に立った指導力や学校運営のための企画力、調整力、実践力などの育成が目標とされている。加えて、この時期は管理職になるか否かを決める重要な時でもある。教員になる年齢が人によって異なるので一概には言えないが、概《おおむ》ね30代から40代前半が該当する。

教員採用試験で採用人数が最少、倍率が最高だったのは２０００年前後であり、現在40

代半ばから後半の教員が最も厳しい時代に試験を受けた世代である。とはいえ、2000年代半ば以降に採用試験を受けた教員は少し倍率が下がった時期になる。倍率は全学校種平均で7・8倍であった。

実際のこの世代の教員はライフステージをどのように意識しているのだろうか。この世代で教員になった人を紹介したい。同じ高校に入学し、同じ部活動で練習に励み、別の大学に進学して一人は高校教員、一人は中学教員になった女性2人である。

まず、高校教員となって現在もその仕事を続けている人のストーリーを追ってみたい。

小学校時代に外国の存在を実感する

田中（仮名）さんは、現在、教員歴14年目の女性教員である。彫りの深い顔立ち、低い声で丁寧に話す彼女はどこかヨーロッパの女性を髣髴《ほうふつ》とさせる雰囲気がある。

彼女は首都圏の中核都市に生まれた。両親、妹、祖母、叔母が同居する家庭だった。祖母は人から信頼される人柄で、近所の子どもたちを預かるなど人の出入りの多い家庭だったそうだ。

1990年代は日系人につながる外国人を、主に労働力として受け入れ始めた時期である。その動きの中で、田中さんは小学校時代に外国との接点を持つようになる。家の近所の町工場にインドネシア人が働きに来ていた。彼らは、近所の人に「おはようございます」とたどたどしい日本語で挨拶をした。田中さんはどぎまぎしながら挨拶を返したが、周囲の大人たちの中には彼らと言葉を交わすことをいやがる人もいた。彼女は「他の国の人だって、挨拶はしなくちゃいけないんじゃないの」と不思議に思っていた。

同じ頃、イラクのバグダッドから帰国した日本人の男子が転校してきた。湾岸戦争の時であり、彼の住んでいた近所に空爆があったと聞き、田中さんは「ニュースで見ていたことを現実に体験している人がいるんだ」と感じたそうだ。

さらに外国との接点は続く。3年生の時、ペルー人の日系3世の女子がクラスに転校してきて、苗字が同じ「田中」だったので田中さんの隣の席になった。この女子は日本語が全く話せなかったが、田中さんは身振り手振りやイラストを使ってコミュニケーションを取ろうと頑張る。その気持ちが伝わり、自宅に招待されてペルー料理を振る舞われたり、スペイン語を教わったりする。その年のクラス文集に田中さんは「授業で使う荷物を2人分用意するのは大変だったけど、楽しかった」と書いており、他人に気配りができる今の彼女の原形を見るようだ。

4、5年の担任の存在も田中さんにとって思い出深い。音楽が得意な男性ベテラン教員で「外見は音楽の教科書に載っている作曲家のフランツ・リストの晩年みたい」だったそうだ。「この先生が私の能力を引っ張り出してくれました」と彼女は感謝している。美術の授業で作った土鈴を褒められてものつくりや手仕事に興味を持つようになったし、身体が急に成長して運動が得意にもなった。

6年生の担任は、田中さん曰《いわ》く「体育バカ」の教員だったので、前の担任の存在が一層際だったという。彼は休み時間にフルートを聞かせてくれ、5年の終わりのホームルームでは子どもたちに当時習っていた中国語で別れの挨拶をしてくれた。ちなみに、彼は定年前に退職したと後に聞いたそうだ。

部活動に熱中する中学・高校時代

中学は地元の公立に進学する。卓球部で熱心に活動してレギュラーになり、副部長も務めた。この時の卓球部顧問は人間味あふれる教員だったと田中さんは好印象を持っている。彼から聞いた「悪いことは身から出た錆、良いことはお互い様」という言葉を今でも時々思い出す。

勉強面では文系科目が一層好きになった。後に高校で教えることとなる英語は、聞くこと、話すことは得意だったが文法はできなかった。部活動で時間を取られていたため塾には行かず、進研ゼミやZ会の通信教育を続けていた。

いくつかの高校の学校説明会に行ったが、ある公立高校で弓道部員の姿を見て大いに魅力を感じた。大規模校であること、電車通学ができること、英語以外の外国語を学ぶことができることもプラス評価だった。田中さんは「弓道も外国語も中学にはないから皆初心者。全く初めてからやってみたい」と強く思い、その高校に進学する。

この頃の彼女は、あるテレビ番組で見た時計職人になりたいという夢を持っていた。時計職人の本場はスイス、そこに行くためにはフランス語、ドイツ語をやっておけば有利だろうと考え、英語以外の外国語を選択科目で学び始める。このように、先の目標をたて、それに向かって努力することは、田中さんが幼い頃から得意とするところだ。もちろん、弓道部にも入り、多くの仲間にも恵まれる。

順風満帆に思えた田中さんの高校生活だったが、2年生の夏に母親が病気で入院した。専業主婦の母は「手に職を付けなさい」と常に言っており、母の希望を叶えたいと思う気持ちも芽生えてきた。

高校3年の時に、田中さんが学ぶ外国語を公用語とする国の招聘《しょうへい》事業に選ばれて、彼女はヨーロッパに1カ月留学する。日本代表として選ばれたのは5人、彼女以外は国立大学附属高校や有名私立高校に通う生徒たちだった。「この言葉を勉強している学校はそもそも多くないので」と彼女は謙遜するが、この出来事は彼女の能力の高さを物語っている。

留学先ではロシアやトルコなどの国々の高校生とチームを組んで活動した。田中さんは「自分は普通の日本人とは違って外国人と話すことに抵抗はない」つもりでいたが、実際はほとんど会話できなかった。この時の悔しさが外国語を学びたい気持ちを後押しした。

教育実習がその後の進路を決める

病気の母も心配なので、自宅から通える大学を一般受験し外国語学部に入学した。将来の職業の幅を広げるために、日本語教師課程と教職課程を履修することにする。

筆者がインタビューした他の教員とは異なり、田中さんは「教職科目は面白かった」と語る。「日本の教育は国がこのような人を育てたいと目標を定め、それが時代によって変わっていく。日本と同じ第2次世界大戦敗戦国のドイツは、敗戦後は教育の目標は変わっていない。その違いが面白いなあと思った」と説明してくれた。小さい頃から外国に興味を持っていた彼女だからこその視点だろう。また、彼女が受講した頃の教員養成課程は今ほど実践スキル重視ではなく、教育原理などの科目を研究実績も十分にある教科担当が教えていた可能性もある。筆者には、大学生で日本の教育の特徴に気づいた彼女が現在教壇に立っていることが非常に心強く思える。

大学生活は順調に進み、多くの学生同様、学業とアルバイト、友人関係で日々を忙しく過ごしていた。

彼女が就職活動を行った時期は最厳期を抜けた頃だったが、それでも厳しい状況には変わりない。また、田中さん自身の迷いもあり、4年の時に受けた教員採用試験も高倍率に阻まれた。

そんな時、母校の指導教諭が2年間の長期研修に出ることになり、その代替教員の話が舞い込む。教え子に教員免許取得者は複数いただろうが、この人なら後を任せられると思わせるものを指導教諭は田中さんの中に感じたのだろう。これが彼女の教員生活のスタートとなる。

彼女の母校は大規模校だが、その当時、20代の教員は2人しかおらず、一番年齢の近い人で約10歳上だった。年の近い先輩が、新人が起こしがちなトラブルをサポートしてくれることなど望むべくもなく、全ての教員がもの凄く能力が高いように見えた。さらに、「教員として目指せる人がいない」という、目標が定まらない寂しさも感じていた。

ベテランの教員からは「若者の力を発揮してほしい」としばしば言われたが、具体的にどのようなことを望まれているのかわからなかった。同世代がいないことだけでなく、教員集団の男尊女卑の体質にも驚かされた。「彼氏はいるの?」とか「結婚の予定は?」といった今ではセクシャル・ハラスメントと言い切れる質問も数多く経験し、それを気にしないふりをして適当に流すスキルも身に付けた。

母校での2年間は授業と校務に追われ、教員採用試験の準備はほとんどできず、3年目はいわゆる「教育困難校」で非常勤の英語教師として勤務した。

そこでは自身の高校生活とは全く異なる学校生活が繰り広げられていた。ここにも若い教員はおらず、当然、良い意味でも悪い意味でも生徒から興味を持たれる。ほとんどの生徒は彼女のことを「田中先生」とは呼ばず、下の名前を呼び捨てにする。男子生徒が集団で彼女を迎えに職員室に来て、まるで拉致されるように次の授業の教室に連れて行かれたこともあった。

ある英語の授業中のことである。突然、やんちゃな男子生徒の一人が「なんでI(私)

はいつも大文字なの？」と授業の流れに関係なく質問してきた。咄嗟に、「だって、みんな、自分はどこにいても他の人にわかって見つけてほしいでしょう。だから、目立つように大文字なんだよ」と答えた。すると、質問した生徒も他の生徒たちも妙に納得したのだ。これが「I」が大文字である理由かどうかは、田中さんにも筆者にもわからないが、自分の存在を意識する高校生にとっては腑《ふ》に落ちる答えであり、瞬時にそのように返した田中さんは素晴らしいと感心する。田中さん自身も「教えることは面白い」と思えた瞬間であり、この年、教員採用試験の難関を突破する推進力にもなった。

下の世代は元気がない

この後、彼女は母校に戻り、英語と外国語の教員として10年以上勤務している。初任者で同じ学校にこれだけ長く勤務するのは珍しい例だが、外国語の特殊性、特別支援教育にも造詣《ぞうけい》が深いことが彼女を長く留めている一因なのだと思われる。

田中さんに働き方について聞いてみた。彼女は仕事も熱心だが趣味も多彩で、私生活も大事にしたいタイプだ。そのライフスタイルを守るため、「19時までには学校を出る」というのが彼女の目標だが、「特に大きな出来事がない日でも目標が達成できない日が多い」そうだ。校務分掌、部活動の指導、補習、授業の教材研究などに追われるからだ。
仕事量の増加は日々実感している。先日、卒業生に渡す書類の袋詰め作業をしたが、自分が高校生の時と比べて細々とした書類が増えていることに驚いた。「今年は新型コロナウイルスで卒業式が縮小実施となったせいかも」としつつも、「卒業式に限らずプリントを作る事務作業は明らかに増えている」と嘆く。この他、いじめやハラスメントに関する調査が最近は増えていること、しかも同じような内容なのに、調査主体が別であるため何度も回答しなければならないことなどを多忙感の原因として挙げてくれた。「残業時間を少なくする方針を出しても仕事量を減らさないと、早く帰るのは無理」と田中さんは断言する。

文科省が中堅教員、ミドルリーダーと称しても勤務校の教員集団の中では40代、20代の教員が多くないので、30代ではまだ若い教員の扱いをされる。しかし、下の世代には不安を感じている。「今の生徒の保護者は自分が生徒だった時に比べると年齢が高い。生徒も下の世代の教員も年齢の高い親に大事に育てられた感じがある。多分、親が何でもしてきたからか、元気がなくなっている」と思うそうだ。現在の10代、20代の若者には元気ややる気が希薄という印象は大人世代の多くが口にすることだが、田中さんは教員目線で親との関係性を考える。

彼女は「教員を天職とは思わないけれど、なるべくしてなったのかなと思う」と語る。話を聞いた筆者からすれば、彼女のような人こそ教員に向いていると思える。取材中、何度も「勉強になった」という言葉が彼女から発せられた。新しい事態や対応に困る事態に直面した際、彼女は苦労を厭《いと》わずそこから勉強を始める。必要なことを学び続ける教員が現在求められているが、生来の「学び好き」ともいうべき彼女は今後もそのような教員であり続けることは間違いない。

決められた研修と選べる研修と

田中さんは、初任者研修、5年次研修、中堅教員研修、そして免許更新研修を既に経験している。そこで、研修について尋ねてみた。

「実は、初任者研修の開講式担当の指導主事を講師時代に知っていて、頼まれて初任者代表の誓いの言葉を述べました」と、田中さんは少し恥ずかしそうに語った。初任者研修は校内研修の他に、2週間に1回、県立教育センターで行われた。そこでは、「学習指導要領の注意点等をストレートに講義された」そうだ。

5年次研修では、教科の研修で丸一日日本語を使用せず、全ての活動を英語で行ったこと、特別支援教育の講義を聞いたことが勉強になったと振り返る。

彼女が参加した年に、それまでの10年経験者研修が中堅教諭等資質向上研修に改められた。この時には、反転学習など新しい学習スタイルの講習が印象深かったが、最も興味が持てたのは特別支援教育の講義だった。その時、担任するクラスに発達障がいの特性を持つ生徒が在籍していたので、何か役立つことはないかと真剣に臨んだのだ。

このような国や県が定めた研修よりも、面白くかつためになったのが免許更新研修だったという。この研修は自己負担だが、取らなければいけない5つの内、3つは自分で選ぶことができる。多くの教員は自宅に近い場所を選ぶが、田中さんは自分の興味に従い、高速道路利用で片道2時間以上かかる大学も選んだ。

そこでは、学問の最新情報を聞くことができ、大学教員を始め、普段会えない個性的な人々と会って話をすることができて非常に刺激を受けた。その反面、2つの必修講座は元校長の大学教員の話で、特に印象に残るものではなかったそうだ。

初めて管理職試験を勧められて

教員となって10年以上の経験を積んだ今、もっとやっておけばよかったと思うことを尋ねてみた。すると、「学生時代にもっと遊んでおけばよかった」と、本当に残念そうに答えてくれた。その後に、「教科の専門性を高めたい。仕事を効率的に進めるためのパソコンのスキル、例えばＥｘｃｅｌをもっと勉強したい」と真剣な面持ちで言った。

彼女のプレゼンテーション用スライドの美しさは教員間で定評があるので意外な思いがしたため、もう少し聞いてみた。すると、例えば成績付けの際、一応のフォーマットはあるが、それでは教科の特性が反映されないので、自分で変えたものを作って使用しているという。田中さんは「学校のＩＴ化はものすごく遅れていますよ。先日、タブレット学習の研修会に行ったのですが、そこで使ったソフトは学校のパソコンに入っていないし、それを導入するお金がないので結局できません」と教えてくれた。パソコンやタブレットに抵抗感のない世代だからこそ、文科省の推進策と現場の実情との乖離《かいり》に歯がゆい思いをしている。

コロナでの休校の間、彼女は担任するクラス生徒とＺｏｏｍでホームルームを行い、オンライン授業も行っている。在宅勤務の時には、自分が教えている外国語や英語を相当量聞き込んで教材研究をした。さらに、他校教員や大学教員との勉強会や会議もオンラインで行っていた。以前から、ＩＣＴ教育に興味を持っていた彼女にとってはコロナ禍も学ぶべき機会になったと言える。

田中さんは先日、管理職を目指すことを初めて勧められた。しかし、彼女は「管理職は考えない」と今の時点では決めている。その理由は「大変そう。辛そう。自分には向いていない」とのことだが、「管理職の仕事ってなんだろう」と改めて思ったという。

文科省等の求める教員像やライフステージ構想から見ると、彼女は管理職を目指してほしい一人だろう。自分で考え、淡々とそつなく仕事をこなす彼女は、管理職にならなくても今後、学校運営で重い責任を果たす立場になると予想できる。今の教員評価や給与体系のシステムでは、管理職にならなければ給与の面で仕事量にふさわしい見返りがほとんど望めない。それをわかっていながらも、目指したいと思えないのが今の管理職の姿なのだ。

彼女は、文科省や教育委員会の定める「求める教師像」を特に意識することなく過ごしながらも結果的に「学び続ける」教員になっている。それは、研修等の成果ではなく、生来の気質に起因するものだ。職場環境が比較的落ち着いているからか、職場の人間関係で大きな悩みはなく、プライベートでの交流もある。しかし、教員の能力面で刺激を受けるのは職場外、教員外の人からが多い。

現在、彼女は勤務校近くの賃貸アパートで一人暮らしをしている。今のところ、結婚の予定はなく、仕事を生活の第一優先にする生活は今後しばらく続きそうである。

「どんどん忙しくなる10年だった」

大木（仮名）さん、30代、女性、中学校教員

これまで述べてきた田中さんと同じ高校、同じ部活動にいて、教員になったもう一人が大木（仮名）さんである。彼女は約10年間の正規教員生活の後、自ら選択して退職し、2019年度から非常勤講師をしている。次に大木さんのストーリーを追ってみたい。

筆者の前に現れた彼女は伸びやかな姿勢で落ち着いた雰囲気の女性だった。両親と兄の4人家族で育った彼女は地元の公立小学校、中学校と進む。

中学校に進学した1990年代後半は生徒数も多く学校が荒れた時代だった。首都圏の住宅地化が進む地域にあった彼女の通学校にはクラスに数名はたびたび問題行動を起こす生徒がいた。彼女は荒れたグループには入らず、バレー部の活動や勉強を「普通に頑張っていた」という。同じクラスの生徒間の仲が悪かったわけではない。ある年の彼女の誕生日に、クラス全員からそれぞれのプレゼントをもらい驚くとともに感激したことがある。

この体験が、後に中学校教員になる動機の一つなのかもしれない。

この頃、彼女の心に衝撃を与えた事件が起こる。1997年、当時14歳の少年が起こした神戸児童連続殺傷事件、いわゆる「サカキバラ事件」である。自分と同世代の男子が猟奇的な殺人を犯したことが理解できず、非常に重い気持ちになったのだ。

彼女と同世代の人々と話す際に、「私たちはサカキバラ世代」という言葉をしばしば耳にする。1つ上の「ロスジェネ世代」と1つ下の「ゆとり世代」に挟まれた彼らには明確な呼称はついていないようだが、「サカキバラ世代」にうなずく同世代は多いだろう。実は、この世代からは「サカキバラ事件」の犯人以外にも、九州でのバスジャック事件、さらに、後の秋葉原無差別殺傷事件など社会を刮目《かつもく》させる大きな事件を起こした犯人が出ている。普段は大人しいが、突然「切れる」人間の存在が注目された世代でもある。中でもその先鞭ともいえる「サカキバラ事件」が同世代に与えた衝撃の大きさを改めて感じる。

部活動に熱中する

2つ上の兄から通学する高校の自由な雰囲気等を聞き、彼女もその高校に進学する。高校時代について大木さんが最も熱心に語ったのが部活動である。弓道部に入り、引退まで熱心に活動した。その高校は部活動が盛んでもあり、当時は長時間の練習に関して現在のような規制はなかった。けれども、弓道部は午後6時に終わり、その後、部員同士で雑談や間食をするのが楽しみだった。電車に乗って帰宅すると夜9時近くになるが、部員間の仲も良く、全く苦にはならなかったという。

顧問教員は寡黙な数学の男性教員で、練習の際の指導でも口数は多くなかったが、「ずっと顧問がいてくれる、見守ってくれている感じでした」と彼女は少し畏敬《いけい》の念を込めて語る。また、部活動至上主義ではなく、定期試験前には練習を停止していたので、部員からの信頼も厚かった。彼女の技術も日々進歩し、関東大会や全国大会に出場する実績も挙げた。

得意科目は国語で大学進学を考えていた。漠然と将来は教員になりたいと思ってもおり、その希望を担任との三者面談の際に話す。すると、担任の男性教員からは「教員は大変だぞ。努力しても見返りは少ないし、甘い仕事じゃないぞ」と再考を促されたそうだ。彼女は「何で、この先生は良い仕事ではないと思いながらその仕事をやっているんだろう」と不思議に思ったという。

当時、彼女の家庭では兄も学費がかかり経済的に余裕がなかったため、浪人はしない約束を親としていた。4年制大学をいくつか受けたが、最終的には私立大学文学部夜間部に進学した。国文学を専攻しながら、夜間部では少ない教職希望を持ち続け、その大学で昼間部に開講されていた教職課程を履修した。

教員採用試験を受け続けて

前述の田中さんと同様に、大木さんが教員採用試験を受けた時期は高倍率の時代だ。大学4年の時、採用試験を受けたが合格はできず、翌年は人口急増地域にある公立中学校で常勤講師を務めた。「その市は昔から荒れた生徒が多いと噂だったので、覚悟して行きました」と彼女は当時の心境を語ったが、「でも、予想よりも大変じゃなかった。教員には若い人が少なく、全員が団結していました。仕事も多かったけど、全ては子どもたちのためと思えて納得していました」と続けてくれた。もちろん、長時間勤務で、実家に戻ると夜11時を過ぎる時も少なくなかったそうだ。

翌年は別の市で常勤講師を務める。この中学は部活動が盛んで、彼女は非常に強い女子バレー部の顧問としても奮闘した。

この年に採用試験に合格して正規の教員となり、その後10年間働いた。「この10年間は毎年仕事量がどんどん増え、忙しさが増していく年月、そして仕事での時間の使い方に悩む年月だった」と苦い表情で彼女は語った。

授業の持ち時間は多い時で週23時間だった。こう聞くと、週の授業コマ数は基本的には30時間なので空き時間があると思われるだろうが、その時間は打ち合わせや生徒対応に費やされる。放課後は学年や分掌の会議、部活動の指導が入り、それらが終わるのが午後6時半頃。それから保護者への電話連絡や事務仕事、教材研究にようやく取りかかる。勤務を数年積んだ後は、国語科主任や道徳主任、保健主任なども務めるようになった。小・中学校では、初任者がクラス担任となる、勤務数年で主任を務めることなどが希《まれ》ではない。これは、同じ公立学校でも高校とは大いに異なる点だ。

さまざまな仕事をこなす中で、クラス担任の仕事が最も忙しい反面、最もやりがいがあると大木さんは思っている。「担任をしながら、一人の生徒の成長を感じることができる瞬間が教員として嬉しい時です」と彼女は言う。そして、「生徒の前では暇そうにしていました。その方が、生徒が声をかけて来やすいと思って」とも語った。生徒一人一人を大切にしたい、生徒が自分から彼女に近づいて来てくれるのを待ちたいという彼女の思いがわかる。

忙しいと教員主導の生徒対応をしがちで、実際にその方が指導にかける時間を短縮できるものだ。しかし、彼女は生徒にはじっくり時間をかけて向き合いたいという信念を持っている。それが、彼女の多忙さに拍車をかけてしまった要因の一つかもしれない。

退職という選択

日々忙しい毎日を過ごしていた大木さんだが、その中で同職の男性と結婚し、子どもにも恵まれた。産休・育休から仕事復帰した彼女は、家事・育児もあってますます多忙を極めるようになった。幼い子どもを持つ女性教員には勤務時間短縮の制度があるが、子どもの体調変化はそのような時短では乗り切れないほどしばしば起きるものだ。

ある時、彼女はふと思った。「私、自分の子どもを保育園に12時間以上預けている」と。それは子どもの小学校入学を控えた時期であった。一人一人の子どもと向き合うことが彼女の信念なのに自分の子どもには十分に向き合えていない、それに気づいたことが、退職の直接のきっかけになる。

その後は、非常勤講師として中学校の教壇に立っている。報酬面では正規と非正規では大きく差が出るので、配偶者や家族の理解がなければできることではない。今の働き方をどう思うか尋ねてみると、「楽です。会議はないし、事務仕事は減ったので」と即答された。

仕事の負担の「見える化」を望む

正規、非正規を両方経験している大木さんに、学校や教員に対して思うことを聞いてみた。

退職の原因になった長時間労働だが、「働き方改革」も進められている中、どのようにすれば改善されるかとの問いには、非常に慎重に考えた上で「難しいでしょうねえ」と返ってきた。彼女は、仕事量が圧倒的に多いことと同時に、「できる」と思われた教員に仕事がどんどん回される状況、いわば仕事の偏在も問題だと捉えている。

生徒と向き合うのが教員の仕事の基本とわかっていながら、現実の学校現場では時間的にも精神的にもそれができない。職員室では、そこにいる教員のほとんどがパソコンに向かっている。そうしなければいけないほどの書類作成や調査などの事務仕事が教員には課せられている。さらに、仕事のできる人は、その人に任せると周囲の人は安心できるので、仕事がどんどん集中してしまう。しかも、それが校務分掌、生徒指導等いくつもの分野で起こるので、その人にどれだけ仕事があるか、周囲の人には見えていない場合も多い。「どの人がどれだけの仕事を抱えているか点数化して、ある一定以上の点数になったらそれ以降仕事を回さないとかできるといいですね」と彼女は提案してくれた。

できると思われる人、家族関係などで時間を取られることが少ない人、つまり独身、小さな子どもや介護する人がいない人に仕事が集中することは、他の教員からもしばしば聞く話だ。教員に限らずどのような職業でもあることだろうが、教員の場合にはそれが昇給や昇進など待遇や評価の面に必ずしも反映されないという点も問題になる。どの仕事が何点になるか、それを決めるのは大変だろうが、抱えている仕事の可視化のためには一考の余地があるだろう。その点数を教員評価に加味すれば校内での仕事割りもスムーズになるのではないだろうか。

高校時代に部活動で自分が成長したと感じている大木さんは、部活動を教員ではない外部講師に任せるという昨今の動きには疑問を持っている。仕事の精選は事務仕事に対して行うべきとの考えのようだ。

その集団から片足を抜いたとも言うべき彼女の目には教員はどのように映っているのだろうか。「勘違いしている優等生集団。世間と触れ合わないから」と彼女はシビアに答えてくれた。

現在、職場には20代の若手教員がいるが、彼らに声をかける際には非常に気を遣うという。「若い人たちはガラスのように壊れやすい感じがします。その上、自分から聞こうとはしない。何かに気づいた時、どのように声をかけるか、それを考えることもストレスになります」と、1つ上の世代の悩みを語る。

教員集団の問題に管理職はどう対応しているのか、尋ねてみた。「管理職は事なかれ主義。それに、管理職も忙しいので、他の教員の心身の健康に気を配る余裕はない。だいたい、管理職試験を無理矢理受けさせられている人も多いし」というのが彼女の答えだった。

今、もっと勉強しておけばよかった、これから勉強したいことは何かとも聞いてみた。「教科に関する専門的知識。それと、発達障がいや特別支援教育について。これらが教員免許更新や年次の研修で学べるといいのですが」と語った。しかし、非常勤の道を選んだ彼女には、研修の機会はほとんどない。

取材の最後に、大木さんは筆者に是非伝えたいことがあると言った。「これまでのマスコミの報道が学校を悪くした面もあります。何か起こると教員を叩きすぎて、それに対する対応を教育委員会が出し、学校現場が一層忙しくなる悪循環があります。多くの教員は懸命に仕事に取り組んでいるのです」と、彼女は真剣に訴えた。

どこかで教員が事件や事故を起こすと、それに対してマスコミは一斉に取材して教員や学校をバッシングする。その教員個人の資質や品性の問題であっても一般論として報じられることも多い。そうなると、行政や教育委員会は対策を打ち出し、教育活動を適切かつ熱心に行っている教員もその対策への対応を必ずしなければならなくなる。具体的には新たな調査・アンケート、レポート作成、校内研修等々が課されることになり、それにより、一層多忙さに拍車がかかるのだ。第2章でも述べたように、教員に対する世間の目は、なぜか非常に厳しい。

10年以上の経験を積んだ中堅教員、特に女性教員が家族問題で退職する例は後をたたない。この世代の教員は私生活では結婚~出産の時期でもある。教員の出産休暇や育児休暇の制度は多くの民間企業と比較すれば、確かに恵まれたものとなってはいる。けれども、仕事の多忙さは長時間労働を避けられないものにしており、子育て真っ最中の教員は、それらの休暇を取ることで、自らの仕事への向き合い方に悩むことにもなる。その結果、大木さんのような生徒思いで責任感の強い教員を教壇から去らせる事態が生じている。

その一方で、全世代で教員には独身も多い。長時間労働に疲れ、休日も部活動の指導や教材研究にあてるため異性との出会いが少ない。結婚どころが、交際すら何年もしていないという人が、得てして仕事熱心な教員に多いのだ。

文科省他が考える教員のライフプランには、その教員の私生活や幸福感の視点が全く入っておらず、あくまで学校運営の視点で考えられている。仕事にエネルギーのほとんどを注ぎ、私生活に大きな問題を抱えている教員が、これから社会人、家庭人となる子どもの教育にあたることが果たして良いのか、真剣に考えるべき問題である。

「自分を越えた教え子をどれだけ作れるか」

梅原（仮名）さん、40代、女性、高校教員

現在、学校現場で最も少数なのが40代の教員だ。彼らが採用試験を受けた時はバブル経済崩壊後の悪影響が社会のすみずみまで行き渡った時代だった。教員の採用数も絞られ、受験者数も多く高倍率が続いていた。

この激戦を勝ち抜き、首都圏の公立高校教員になった一人が梅原（仮名）さんだ。黒髪とくっきりとした顔立ちが目を引く彼女は、英語・外国語を教えて約20年になる。彼女は「自分の学校時代に出会ったほとんどの教員は嫌いだったのに、気づくと教員になっていた」と苦笑混じりに語る。彼女のストーリーを追ってみたい。

不器用さに悩み、「いい先生」に救われて

梅原さんは首都圏の新興住宅地で、両親と弟2人という家族の長女として生まれ育った。

小学校に入学すると、集団生活の中で要領よく振る舞えない自分に気づき始める。学校生活で小さなトラブルを繰り返していくうち次第におとなしい性格になり、教員に不信感を持つようにもなった。

しかし、5年生の時に大きな変化が起こる。教員になりたての若い男性教員が担任になり、子どもたちに新聞を読んできて発表させる授業を行った。これで、彼女は新聞によって同じ出来事が異なって書かれていることに気づき、さらに自分の意見を言うことは褒められることで自分を出してもいいのだと思うようになった。

この男性教員は6年でも担任だった。実は、彼女はこの担任から体罰とも言えそうな指導を受けたことがある。急に体調不良になったので自己判断でプールの授業を欠席して教室で休んでいた時、担任が駆け込んできてほっとした表情をした次の瞬間、厳しい表情で彼女の頬を平手打ちしたのだ。痛さに驚きながらも彼女は、担任の心配がわかり「この先生は本当に一生懸命なんだ」と強く思ったそうだ。

梅原さんは地元の公立中学に進学する。相変わらずおとなしかったが、中学では彼女の良さを認めてくれる教員がいた。家庭科教員は「時間はかかるけれど作品はきれいに仕上がっているよね」と言ってくれたし、苦手な体育の授業では、「飛ぶ時の形がとてもきれいだから」とクラス生徒の前で模範試技をさせられたこともあった。これらの経験を通して「目立たない生徒でも見てくれている先生はいるんだ」と思うようになる。

団塊ジュニア世代にあたる彼女の中学時代は生徒数が多かった。ある時、友達が当時流《は》行《や》っていた洋楽やビートルズの曲が入っているテープを聞かせてくれた。彼女はビートルズに魅了され、これも大きなターニングポイントとなった。歌詞を理解するために英語を真剣に勉強するようになり、ラジオの英会話講座を録音して繰り返し聞いた。

高校で「伝説の教員」に出会う

英語をたくさん選択できる公立高校に進学した梅原さんは、他の言語も少し学ぼうと思い1年でフランス語を選択した。その教科担当は、教員間では「伝説の教員」だったのだが、当時の彼女には知る由もない。

ここで梅原さんから離れて、この教員について少し述べてみたい。筆者は彼と一時同じ高校に勤務し、話を聞いた経験がある。

山村に生まれた彼は終戦直後に小学校に入学し、新しい時代の到来を予感させる英語に魅了される。バスに長時間乗って麓《ふもと》の町まで英語の辞書や本を買いに行くのを楽しみにしている少年だった。その後、東京の国立大学に進学しフランス思想を専攻するが、資料を読むために始めたフランス語に熱中し、これが彼のライフワークとなる。

公立高校の英語教員となってもフランス語とフランスの歴史・思想に対する学習は不断に続けた。通勤途中で本を読んでいて自動車にぶつかった、電車の中でリスニングに熱中しすぎて乗り過ごした等々の数々の逸話が彼にはあった。

学びへの熱い思いは生徒への教科指導にも存分に発揮され、梅原さんのように感化された高校生が多数いた。

その反面、教科指導以外の仕事に対しては無頓着だったので、学校行事や入試業務などでは事務処理能力の高い教員が彼と組んでサポートしなければならず、今ならば「指導力不足教員」と言われかねない。だが、他の教員を圧倒する彼の知識量と向学心に対して尊敬の念を持つ教員が少なからずいたため、彼は「問題の教員」というより「伝説の教員」という存在であったのだ。

彼のように研究テーマを持ち研鑽し続ける人は、かつて高校のみならず学校教員に多かったが、今では非常に少数派になった。梅原さんは生徒として教わった最後の世代だ。学究肌の教員の存在を知る梅原さんの世代が教員に少ないことが、勉強しない教員を作った遠因なのかもしれない。

梅原さんのストーリーに戻ろう。最初の授業の際、彼女はこの教員と最悪の出会いをする。事務処理のミスで授業履修者名簿に彼女の名前がなかったのだが、初めて会う生徒に、50代の彼は山村生活で培った大音声で「おめ〜は誰だ！」と詰問したのである。強い反感を覚えた梅原さんであったが、この教員の情熱的で教養溢れる授業の魅力には抗えず、フランス語、そしてこの教員を次第に好きになっていったのである。

当時の彼女と両親は4年制大学進学を全く考えていなかった。しかし、この教員だけでなく英語指導補助にあたる外国人も何度も大学進学を勧めてくれた。両親が4年制への進学を認めたのは高校3年の11月で既に推薦入試が終わっていた。そこから梅原さんは大学進学の準備を始める。自分の得意科目で受験でき、専門的にフランス語が学べ、学費が安い大学を探し、外国語教育に定評ある県内の私立大学に現役合格した。

「就職氷河期」の就職活動で傷つけられる

強い向学心を持って入学した大学だったが、2年生までは失望することが多かった。大学教員の淡々とした授業が彼女には物足りなかったのだ。それを察知したのか、先述の教員は高校でのイベントに度々誘ってくれた。3年でフランス人教員のゼミに入り、ようやく満足できる大学生活になる。

この頃の彼女は外資系企業への就職を望んでいた。大学で教職課程は取っていたものの、大学へ行かせてくれた親や世間への保証として、とりあえず一生消えない資格として教員免許を取っておこうという気持ちだった。

ただし、教職課程の学びの中で印象に残っていることが一つある。それは、大学が現職教員を招いたイベントだった。ある中学教員が「生徒全員に好かれる、好かれようとする教員はいらない。ある生徒にとって自分よりも馬が合う教員がいればそこにつなげるのが教員の役目」と語ったのである。これを聞いた時、「担任が全ての生徒とうまくいかなくても、全ての生徒が担任とうまくいかなくても当たり前なのだ」と思い、少し気が楽になった。これは、後に教師となった彼女の生徒に対する姿勢に大きな影響を与えている。だが、このイベント後も、教員になろうという気持ちは全くなかった。

時代は「就職氷河期」であり、梅原さんの就職活動は難航する。真面目で大学の成績も良い彼女は企業訪問では好印象を与え面接試験には進める。けれども、面接では恋人の有無を聞かれたり、交際相手候補として同じ大学出の社員と無理に引き合わせられたりした。

このような体験をするたびに、「自分をおとしめて何とか受け入れてもらおうとしている」と自分が嫌になり就職活動を途中で止めた。就職先を決めずに卒業した後は、派遣会社に登録して大型小売店で販売を行っていた。

「教員になりたい」と思うまで

転機は6月にやって来る。ある県立高校から中途離職する教員の代替教員の話が来たのである。派遣社員の給料の少なさに落胆していた彼女はこの話を受けた。

その高校は、いわゆる「教育困難校」で、これまで彼女が持っていた高校生のイメージが大きく壊れた。生徒は授業を様々に妨害しようとし、それを何とか抑えて英語の授業を始めると「summer」などの簡単な単語がわからない生徒が多いことに気づく。驚きながらも、彼女は授業を成立させようと努力を続けた。

ある時、中心となって騒ぐ男子生徒の一人が、「でもさ、梅原センセーは偉いよな。俺たちに授業するじゃん。ちゃんと指すじゃん」と言ってきた。その時、ここの生徒は教員がどれだけ真剣に自分たちに向き合ってくれるのか試している、本当はかまってほしいのだと感じたという。

大変な毎日だったが、幾人かの教員の姿に学ぶことも多かった。職員会議で自分の意見を堂々と言う人がたくさんいた。半年の任期である彼女に教員の仕事をそれとなく教えてくれる先輩教員もいた。あるベテラン教員が就職希望者の面接指導をする際、「手伝ってくれる?」と彼女に声をかけた。実際には彼の横に座っているだけだったが、そのような機会を与えて生徒への接し方などを教えてくれたのだと、彼女は後に気づく。

翌年は公立の通信制・定時制併設校で勤務する。「ここでの勤務で普通の概念が壊された」そうだ。彼女が所属した通信制には70代の生徒、昼間働いている生徒、別の高校を中退して転入した生徒など様々な生徒が在籍していた。授業中に寝てしまう生徒もいたが、ほとんどの生徒は「本当に高校で学びたくて来ている生徒」だった。

通信制の教員は生徒のレポート添削やスクーリング指導も行う。ある時、見るからにヤンキータイプの男性が「梅原っていう先生はいるか」と職員室にやって来た。こわごわと名乗りでると、彼は、提出したレポートに書かれた彼女の言葉に感動して直接お礼を言いたくて訪ねて来たという。「俺、中学でガラス割っちゃうような生徒だったんだけど、先生の言葉でやる気が出たよ」と感謝の言葉を照れながら語る。梅原さんにとっては当たり前の言葉であったのだが、改めて生徒へ向ける言葉の大切さを実感した。

2つの高校での勤務を経て、彼女は教員を目指すようになり教員採用試験を受ける。実際に教壇に立った経験は教員採用試験でも大いに役立った。2次試験の英語筆記試験では、授業の進行を英語で説明すること、個人面接では、気温24度の日に厚いコートを着た生徒がいた場合、英語でどのように声掛けするかといった問題が出された。

集団面接では試験官に「『すずめの学校』と『めだかの学校』、あなたはどちらの学校を目指しますか」と尋ねられた。この他にも「人はなぜ生まれてくるのだと思いますか」、「あなたの人生計画は」といった質問もあったと、20年以上経た今でも鮮明に覚えている。

梅原さんが受験した頃には実践スキルだけでなく教育観や生き方に関する質問もされていたことが、彼女の記憶から確認される。

特別な学校での経験をさらに積み重ねて

正規教員として最初に赴任したのは養護学校、現在の特別支援学校だった。当初は、その学校がいやで仕方なかったという。「教員採用試験の英語合格者の中で最低点だったから、勤務先がこの学校になったのでは」とさえ思った。中学で好きになって以来、学び続けていた語学の知識やスキルを全く生かせない職場に毎日泣いた。また、身体に障がいを持つ人のサポートを全くやったことがなかったので、この学校では自分が役立たないと落ち込みもした。

しかし、しばらくすると教員集団の6、7割の人々が素晴らしい仕事ぶりであることに気づく。梅原さんは高等部1年に所属したのだが、そこは学年主任の下、「上から目線ではなく生徒とともに学ぶ姿勢のプロ集団」だったという。その中で彼女は、障がいは個性であり、人は誰でも自分にはないものを持っていると、観念的にではなく実感として知った。

思いがけず非正規教員として教壇に立つようになって以来、一般的な教員であれば10年以上かけて体験するような多様な学校での勤務を、彼女は短期間で積んでいる。そしてその経験が彼女自身が生来持っている勤勉さと相まって仕事を行う際の基本姿勢、人として生徒と向き合い生徒に学ぶという姿勢を若くして体得させたのだろう。その後、彼女は母校に教員として戻った。

「働き方改革」の掛け声は聞こえているものの

ここから現在の梅原さんの仕事ぶりを見てみよう。彼女が学校にいる時間は非常に長く、退校時間は連日21時を過ぎる。もちろん出退時記録はあり、彼女が長時間残業をしていることを管理職はわかっている。しかし、「私は管理職の言うことを聞かないと思われているので注意されない」と彼女は自嘲する。

今年、彼女はクラス担任をしていないが教科主任や分掌主任などを務めている。授業と総合的な学習の時間やLHR（ロングホームルーム）補助などを合わせると授業時数は毎週18時間を超える。義務教育の教員に比べると空き時間が多いと思われるだろうが、空き時間にも各種の会議が入っており、教材研究や休憩にあてられる時間は少ない。

7時間授業の日もあるが、通常は6時間目で授業が終了し、その後、清掃、帰りのSHR（ショートホームルーム）となり、16時頃からほぼ毎日何かしらの会議が始まる。会議の終了後17時半頃から生徒の補習や個別指導が始まる。各種検定試験やコンクール、大学入試に向けての教科指導や論文指導が佳境となる秋以降は特に時間に追われる。しかし、梅原さんは生徒と向き合う時間こそ教員の本領と考えているので、生徒が自分で考えて答えを導き出せるようにじっくりと時間をかけて指導する。19時半頃に生徒の指導が終わり、ようやく明日の授業準備や事務仕事に取りかかる。

教科指導に熱心な彼女はある教育学会理事も務めており、同学会が主催するイベントの企画や運営もかなりの仕事量になる。大学教員であれば、これらは業績となり自らの待遇に反映されるが、公立高校教員にとっては校務外であり、教員評価には全くプラス要素にはならない。むしろ、大使館など外部とつながりがあることは、一般的な教員に「変わった人、自分たちとは違う近づきがたい人」といった印象を与えているようだ。これらの活動は彼女の教科指導、生徒指導に大いに役立っているのだが、周囲からの見られ方を気遣って勤務時間外にこれらの仕事を行うようにしている。

「実家暮らしで、平日は母親が食事を作ってくれるのでできる働き方」と彼女は語る。また、部活動の顧問でもあるが、「顧問は複数で、自分はサブ顧問なので平日の部活動の指導にはあまり関わっていないからできる働き方」でもあると自覚している。

週末の1日は休息するというのが彼女の悲願だ。土曜日は部活動の練習試合引率や補習で仕事になる日が多く、学会や研究会に参加することも多々ある。学会参加などは校務とは認められないため、出張費は出ず代休もつかない。

研修は、担当する指導主事次第

梅原さんは、これまでに初任者、5年次、10年次、20年次の各研修、免許更新、それと教科の研修を受けてきた。その経験から「研修は担当する指導主事の力量次第」で、「指導主事が豊かなネットワークを持ち、どのような人を講師に呼んでこられるか」にかかっていると語る。

初任者研修の内容はほとんど記憶にないが、指導主事が参加者を飲み会に誘ったのに驚いたことを覚えている。5年次研修では教科の講座と生徒指導でのカウンセリングの講座が役立ったという。10年次研修では選択した県立文化施設で2日間の社会体験をした。そこで教えられた来館者への接し方は、以前、試食販売の仕事をしていた彼女には既知のことばかりだった。20年次では大きな会場で元学生支援機構関係者の奨学金についての講演が行われたそうだ。彼女の話を聞くと、研修は玉石混淆《こんこう》、しかも石が多いという印象だ。

それに対し、自分で選べる免許更新研修はとてもためになったと語る。彼女は全国の大学等の研修内容をじっくりと検討し、自分が興味のある研修を選んで参加した。

教員は良い意味でも悪い意味でも聞き分けがいい人々

梅原さんは教員を以下の5つのタイプに分類する。

1．生徒の成長を一番に考え、そのために自分の指導法を自問自答し続ける人

2. 生徒を可愛がることが第一義。ただし、彼らの成長は考えていない人
3. 自分を慕ってくる生徒だけを可愛がる人
4. そもそも生徒、人間に興味がない人。コミュニケーション能力に問題がある人
5. 教師として以前に、人として大きな欠陥がある人

この5つの中で、もちろん1のタイプが最も望ましい教員である。自問自答し続ける人は、当然学び続ける人でもあり、文科省が提唱する「求める教師像」にも合致する。そのようになる可能性がある人を教員採用試験で選んでいるはずだが、全教員の中で1のタイプは年齢に関係なく少数派であり、多くても1割程度ではないかと梅原さんは分析する。

5のタイプは学校教員としては論外であり、一刻も早く退職してほしいと梅原さんと筆者の意見は一致した。

4のタイプも多くの場合、生徒に悪影響を及ぼすが、その人が学問や芸術など特定の何かを学び続けているならば、それに興味を持つ一部の生徒に良い影響を与える場合もある。しかし多量で多様な仕事に追われる現在では、このタイプの教員を認める余裕が教員仲間にも生徒にもない。結局、「お荷物の教員」として存在し続けるだけだ。

難しいのが2・3タイプの教員だ。一見熱心な教員に見えるが、実は生徒にとって悪影

響を与える場合もある。近年、文科省や教育委員会の書類に「教育的愛情」という文言が使用される。これは、ペットや愛玩動物を可愛がるような愛情ではなく、生徒が社会人として自立できることを目標として必要な質・量の愛情を注ぐことを意味しているのだと筆者は捉えている。梅原さんも「自分を越えた教え子をどれだけ作れるか」が教員の仕事の評価基準と考えている。

教員には、子どもができるようになるまで適切なアドバイスを与えながら待つことができず、「生徒のために」という言い訳で自分がやってしまう人が少なくない。多忙で生徒を待つ時間が取れないという理由もあるだろうが、それだけではない。手慣れた教員がやる方が早いし仕上がりもきれいで楽でもある。その上、「○○先生は仕事ができる」という他者からの評価も得やすい。つまり、自分のために行っている場合も多いのだ。しかも、そうであることに気づいていない教員も多く、梅原さんはそのような教員を「教員であることに酔っている」と切り捨てる。

教員が生徒の一部を可愛がり、一部に冷たく当たることも残念ながらしばしばある。傍《はた》で見ていると、なぜ生徒によって褒めたり叱責したりする基準が変わってしまうのか不思議に思えるが、「えこひいき」は今でも厳然と存在する。

管理職は上の言うことを聞く人

教員のライフステージで言えば、一般的には梅原さんの世代は管理職になるか否かの選択をした世代になる。梅原さんも約10年前に当時の管理職に管理職試験を受けるように勧められた。彼女は全くなる気がないことを告げ、それ以降、管理職からの打診はない。

筆者から見れば、梅原さんは管理職になってほしい教員である。生徒への教育的愛情は深く、自分の資質・能力を高めるための努力や変化も惜しまない。社会情勢へのアンテナも高く、学校や教育はどうあるべきかを常に考えている。もし、管理職になれば、どんどん学校改革を進めそうでもある。しかし、彼女のような人は得てして管理職にならない道を選ぶ。現在、管理職とは、なってほしい人ではなく、なりたい人、あるいは、管理職からの誘いを断れない人がなる場合が多いのだ。

梅原さんにとって管理職とは「上の人の言うことを聞く人」というイメージだ。本来、管理職は教員の統括者であるはずなのに、教員をしっかりと見ていないと感じている。

「教員改革」の一つの柱である管理職による教員評価は行われているが、評価基準は部活動での業績や学校運営へ協力しているように管理職に見えているかであり、教員の仕事にとって最も重要であるはずの教科指導はあまり評価されない印象だと語る。

また、個々の教員が抱えている仕事の総量が見えておらず、結局、仕事ができる人、仕事が速い人、責任感の強い人に多くの仕事や責任ある立場が集中するようになる。そこで、一部の人はどんどん勤務時間が長くなり、その反面、本当は能力があるのにそれを隠して仕事が割り振られないようにしている教員もいる。突発的な出来事へ対応できる余力も含め、学校全体の仕事量をなるべく公平に教員に振り分けるように管理職は考えるべきではないか、これが梅原さんの積年の疑問である。先述した大木さんも同様の指摘をしていたことを思い出す。

梅原さんの管理職への辛口評に対しては管理職側からの異論もあると承知している。確かに管理職自身の仕事量も多く、彼らも長時間労働を余儀なくされている。その仕事の中で、一人一人の教員の心身の健康や働き方を考える仕事はどのくらいの配分なのだろうか。梅原さんを含め、多くの教員は管理職に的確な支援や指導を受けたという経験がないので、管理職が魅力的に見えていないようだ。尊敬し、自分もそうありたいと思う人が少ないからこそ、各地で管理職試験を受ける教員の確保に苦労しているのではないか。今の状況は、教員、管理職の双方にとって大きな問題だ。

「働き方改革」を実現するには

高度経済成長期の企業戦士の如く、全精力を仕事に注いでいるかに見える梅原さんに「働き方改革」に対する意見を聞いてみた。「教員の役割や仕事を改めて見直してほしい。特に教員は部活動の指導をやらないことにしてほしい」と答えた。教員の中には部活動をやるために教員になったと豪語する人が教科を問わずにおり、彼らが授業など本来の業務に熱心でないために、これまで幾度も迷惑を被ったことがあるそうだ。その他にも交通安全指導、登校指導、学校外での生活指導などは教員以外の人・機関に委ねてほしいとも彼女は訴える。

現在、教員の働き方改革は進められているが、仕事の精選よりも労働時間の数値を減らすことが先行しているように見える。これまで教員や学校が一手に担っていた業務を他に委ねるのであれば、社会全体がそれに合意し、誰が何を担うかの役割分担を決めなければならない。「チーム学校」の提唱にはこの視点も含まれているが、そもそも社会的関心をさほど集められず、現時点でも理想には遠く及ばない。これ以上、教員が摩耗しないためには、仕事の精選と委譲は必須と強く訴えたい。

梅原さんの切なる願いは「授業を大事にし、それに専念できる環境にしてほしい」ということだ。そのために、大学教員には多く認められているサバティカル（長期間勤務者に認められる使途に制限のない長期休暇）のような制度を、さほど長期でなくてよいので認めてほしいと思っている。文科省や教育委員会により定められた強制的な研修ではなく、自分で今学びたいことを気兼ねなく学べる時間を切望しているのだ。

夏季休業期間などに可能なのではと教員以外の人は考えるだろうが、それは「教育改革」が進む以前のことである。今は、長期休業中に法定研修以外の研修のために職場を離れるためには、大量の書類仕事と周囲への気遣いが必要になる。また、各自治体で、勤務10、20、30年の年に5日程度の特別な休暇を認める制度もあるが、日々の教育活動で必要な時に使えるものではない。

さらに、彼女は働き方改革＝労働時間の短縮だけではないはずで、仕事が速くなるためのＩＣＴスキルやメンタルヘルスなどの視点も絶対に必要と指摘する。例えば、ペーパーレスと言われながらも、相変わらず、ほとんどの会議では印刷して綴じられた資料を配付し、教員が一堂に会して行う。コロナ禍で変わりつつはあるが、積極的にオンライン会議を導入しようという熱意は感じられない。また、部活動や教科に関連する書類はＦＡＸが主流だという。そもそも学校は厳しいセキュリティー設定のためにＩＣＴの使用が制限されており、Ｗｉ－Ｆｉなどの環境が整っておらず、教育活動でできることはかなり限られている。

一斉休校期間には、梅原さんは初めてのオンライン授業に積極的に取り組んだ。その体験を生かして、さらなる授業の向上ができないかと考える、あくまで前向きな梅原さんだった。

彼女のストーリーを聞きつつ、かの「伝説の教員」を始め、先輩教員から大きな影響を受けていることを感じた。彼女が影響を受けた教員たちは、足早な教育改革の一環として「求める教員像」が定型化する以前に自分の教員としてのスタイルを身に付けた人ばかりだ。ちょうど、採用数が最も少ない時期であり同世代の教員がいなかったことも結果的に先輩教員に学ぶ姿勢を生んだのかもしれない。そのような先輩教員の姿を知っている最後の世代でもある。

人生の半ばを迎える時期に打ち込める仕事を持っている梅原さんは、職業人としては非常に幸せと言える。だが、仕事に厳しい彼女の姿勢のために他の教員から距離を置かれているのではないかと心配にもなる。彼女の話を聞きながら、第２章で述べた孤軍奮闘する都立高校教諭の姿が垣間見える気がした。

20年間の長時間労働は、確実に彼女の心身を蝕んでいるはずであり、長く教壇に立ってほしい教員だからこそ健康であってほしい。私生活の幸福度も気になるところだ。

文科省や各教育委員会の定めたライフプランには、教員の私生活のライフプランへの配慮はない。教員の共済組合には、健康増進施設の利用優待や人間ドック優待などの福利厚生事業は設けられているが、それを利用できない働き方をしている人もいる。厳しい環境の中で、自己管理も全面的に自己責任とされるのが教員という仕事である。

「授業は芸術。教壇は舞台」

鈴木（仮名）さん、50代、男性、高校教員

文科省が考える教員のライフステージは、中堅教員、つまり40代以降に向上すべき能力や資質には触れていない。しかし、中堅教員から定年まで、教員生活は10年以上も続く。教員としてのライフステージを完結する世代の人は、どのような思いを持っているのだろうか。

２０１９年度で定年を迎えた鈴木（仮名）さんは36年間の教員生活を振り返り、「教員は天職だった」と語った。端整な顔立ちで穏やかな印象ながら洒脱な雰囲気もある彼は、都立高校で理科、主に化学を教えてきた。

鈴木さんは東京都中野区で生まれ育った。当時の中野区はまだ緑も多く、友人との外遊びと生き物が大好きな少年だった。生家は自営業で、家族は東京生まれで自由人の父、山梨出身で真面目な母、優等生の妹の３人だった。

公立中学生になったある時、鈴木さんが勉強していると、父が「なんで勉強しているんだよ。そんなことよりパチンコ屋に行こう」と誘った。その時、突然、勉強しなければという衝動が走り、それ以降、積極的に勉強をするようになったと鈴木さんは苦笑する。定期試験の1週間前から試験勉強を始めるようになった。「自分はわかるまで時間がかかるタイプだった」と分析するが、授業中にわからなかった部分が、教科書を丁寧に見ながら自学するとわかるようになった。「こうやって教えてくれたらわかるのに。教え方が下手だなあ」と、中学の教科担任の教え方を批判的に見るようにもなる。

成績が伸びた彼に、中学3年の担任が私立の受験を勧める。さらに、通い始めた塾の講師も別の私立校受験を勧めた。今ほど進路に関する情報がなかった時代だったが、鈴木さんは2つの高校の特色を調べ、理数科のある高校に進学した。部活動は理科部、定期試験前だけ勉強し、長期の休みは実家の商売の手伝いをする普通の高校生だったと振り返る。

学園ドラマの熱血教師に憧れる

鈴木さんが中高生の頃、テレビの学園ドラマの大ブームが起こる。中でも村野武範主演の『飛び出せ！ 青春』、中村雅俊主演『われら青春！』が好きで、そこに登場する熱血教師に憧れに近い気持ちを持つようになる。これ以前から写真も好きで、中学校時代には写真部に入り友人と8㎜映画を作ったりもしていた。映像に興味を持つ彼が、自分と同じ年齢層の日々を描いた学園ドラマに熱中したのは当然だろう。一方で、少し遅れて始まった武田鉄矢主演の金八先生シリーズはあまり好きではなかったそうだ。

高校の成績が良かった彼は系列大学の薬学部に入る。その頃は4年間で薬剤師の国家資格試験を受ける資格が得られた時期で、また、その大学では夜間で教職課程を取ることができた。けれども、当然、同級生は薬剤師希望者ばかりで、教職課程を取ったのは薬学部同学年200名中で彼を含めたった2名だった。

大学4年時は卒業論文、薬剤師の国家資格準備と大忙しで、夏に行われた教員採用試験への準備はほとんどせずに受験し、予想通り不採用となった。薬剤師試験は大学卒業後の4月に行われたが、そちらは無事に合格し、研究室でアルバイトをしながら再度教員採用試験に挑み合格する。こうして、卒業2年目の春から鈴木さんの都立高校教員生活が始まった。

生徒指導をたたき込まれる

当時、都立高校では初任者は離島か定時制高校に赴任させられるという噂があったが、鈴木さんの初任校は中小企業の多い地域にある工業高校定時制だった。この頃の都立高校は受験倍率が高く、定時制には志望校を不合格となった生徒や昼間働いている勤労青年など様々なタイプの生徒が入学していた。

「赴任してすぐはカルチャーショックでした」と鈴木さんは語る。時代はまさにヤンキー全盛時代、教員に正面から反抗し、バイクや喫煙などの問題行動を起こす生徒が多数いたのである。しかし、初任校時代を語る鈴木さんの表情は懐かしげで楽しげだ。

その高校には初任者を含め若い教員が多く、その中で30代の先輩教員に「徹底的に生徒指導を仕込まれました。それが現在まで自分の教員としての核になっています」と振り返る。生徒指導と言うと、校則違反や問題行動への表面的な対応の仕方を考えがちだが、そうではなく「生徒と向き合う姿勢、生徒を見る感性」と彼は続ける。「生徒指導ができない教師は授業もできない」が、彼の持論だ。

その学校の教員たちはわかりやすい授業を心掛けていた。それでも生徒が荒れた言動を取ることがあった。「どこかで教員や生徒の大声が聞こえると、それを聞きつけた教員が皆で駆けつけ、対応している教員を援助しました。それぞれ違うタイプの教員が一丸となって生徒と真剣に向き合っていたので、ともすれば生徒から軽く見られがちな初任の若い女性教員も大丈夫」だったそうだ。

「本気で向き合えば生徒に伝わった時代で、今とは全く違います。時には身体をはって今だったら許されない指導もしましたが、生徒は最終的にはわかってくれました。卒業式ではみんなが泣いて、これが教育なんだと思いました」と鈴木さんは遠くを見る目をした。

さまざまなタイプの教員がいて、通常の指導は個性を生かしながら行い、事が起こった時には集団で指導にあたり決して一人のせいにしない、当時のそんな指導方法が鈴木さんの話から浮かび上がってくる。体力的には教員をしのぐほどでありながら感情はまだ不安定な生徒を相手にするには、このような方法が最も有効であるのは間違いない。

彼の話を聞くと、第2章で取り上げた、2019年の都立高校体罰事件での孤立した教員の姿が改めて際立ってくる。もし、鈴木さんの初任校であのようなことが起これば多くの教員が駆けつけて問題解決にあたったに違いない。感情的になった教員をなだめる教員もいて、暴力事件を未然に防ぐことも多々あったことだろう。鈴木さん自身が語っているように、確かに生徒の変容はあるが、それと同様に教員の変容もある。教員が一致団結して協力しあう経験を持つ鈴木さんの世代の教員が、近年、次々と教壇を去って行く。

さまざまな高校や立場を経験した今、感じる学校の変化

当時の都立高校では初任校には最長でも8年間しか勤務できないといわれていた。鈴木さんは8年間勤務し、今度は伊豆諸島の高校への転勤を希望する。理由は「休日にスキューバダイビングができると思ったから」だったそうだ。

島で一つの高校には学力の高低を含めさまざまなタイプの生徒がいた。元気の良いやんちゃな生徒もいたが前任校で鍛えられている鈴木さんが生徒指導に困ることはなかった。小規模校のアットホームな環境、島の住民が皆で学校を応援しようとする姿勢、もちろん自然環境の素晴らしさもあって、彼はこの高校に14年間勤務する。そして「自分の子どもが勤務校に入ってくるのはいや」と思い、島を離れた。

その後、東京都西部の大学進学者の多い普通科高校で8年、農業系の専門高校で5年勤務する。既に40代を迎えていた鈴木さんだったが、管理職になろうとは全く思わなかった。初任校で一緒に奮闘した教員が管理職となり、東京都教育委員会の重要なポストに就いているが、彼が管理職になったことがわかった時、「あいつが管理職になるのか」と驚いたそうだ。「現場を離れるってどういうことだろう」と、鈴木さんは今でも不思議がる。そ

の一方で、「どうでもいい事務仕事が多くて管理職も大変だなあ」とも思っている。

彼は赴任した各高校で学年主任や教務主任などを務めている。その際には、他の教員に一方的に指示を出したりするのではなく、「横のつながりを大切に一緒にやっていこう」というスタンスで業務を進めている。

しかしながら、この頃から生徒の気質の変化を実感するようにもなる。ある時、喫煙している生徒を見つけた。現場を直接見られているにもかかわらず、その生徒は「吸っていません」と言い張って喫煙を認めない。まったく悪びれず非を認めようとしない態度に驚かされた。このような生徒がどんどん増殖していると日々感じている。

一方で、教員組織も変わった。先述したような教員のランク付けが「教員改革」の一つとして実施されたことの影響が大きく、この横並びから縦並びへの変化の過程は、教職員組合の弱体化と連動していると鈴木さんは感じている。表向きはあまり語られないが、それも長年の教育改革の意図の一つであったことは想像に難くない。

教員組織が変えられ、校長など管理職の権限が強められたのに伴い、現場での裁量権が縮小されたとも実感している。それぞれの学校の直面する問題を管理職以下教職員でしっかりと話し合って対応を決めるという雰囲気が希薄になっていると苦い表情で語る。

現在の勤務校は高校受験の偏差値が低い、いわゆる「教育困難校」である。義務教育までにさまざまな理由で学力を十分に伸ばせなかった生徒が入学してくる。鈴木さんは主に化学を教えているが、「モルを教える前に、まず％の計算を教えなければなりません。この子たちに化学を教える意味があるのかと考えてしまいます」と深刻な表情で言う。

しかし、彼らに教えることを諦めているわけではない。「授業は芸術。教壇は舞台」をモットーとして、「わからない授業はやらない」心づもりで毎時間の授業に臨んでいる。

退勤時間を聞いてみると、「何も問題や行事がない時には、先生方の多くは午後5時を過ぎると帰り始めますよ。この学校は部活動や補習が熱心ではないですからね。若い先生方は9時頃まで残っている人もいますが」とのことだった。職場に早く帰りづらい雰囲気もないという。「これまでの赴任校では夜遅くまで残ったこともありますがね」と言う鈴木さんは、現在の勤務状況をさほど苦にしている印象はなかった。

後進の指導にあたってみての思い

鈴木さんはこれまで後進の指導も数多く行ってきた。「最近は大学院出の教員が多くなったが、大学院出が教員としての能力が高いとは思えない。採用試験に受からなくて大学院に行く学生もいますからねえ」と本音を語ってくれた。

２０１９年度に指導した初任者は都内の国立大学出身、教員採用試験に現役合格した人で、とても能力が高いと大いに期待している。「結局は感性。生徒と向き合って、今、何をするべきかがわかるのは」と鈴木さんは力説する。「生徒を理解するだけでなく、その生徒に対してどんな態度で、どんな声色で話せば良いかを考える。そのスタートラインも感性」と続けた。

彼も、初任校で生徒の指導に迷うことがあった。その際、先輩教員から「鈴木ちゃん、感性、正しいよ」との言葉をもらい、自分の指導法に自信を持てた体験がある。教員の資質として感性の重要さを挙げつつも、その感性は教育委員会が用意する研修で身に付くものではないとの難しさも感じている。

「今、学校現場には若い教員を育てる環境がない」と断じ、「個人が孤立するようになってしまっている。自分の仕事は誰もカバーしてくれない」と嘆く。「そのようにしようと、教育行政や教育委員会が長い時間をかけて変えてきた」との苦言も呈する。

さらに残念なのは、今の若い教員たちに「この学校を良くしよう。自分たちが変えていこう」という熱意が感じられないことだ。校長の裁量権が大きくなってから、職員会議は話し合いで学校の方針を決める場でなくなり、教員の発言はどんどん減っている。その状況下で、若い教員たちの中には「自分の意見を考えるよりも校長に決めてもらえばいい。その方が早く会議も終わる」といった態度が一般的になっている。確かに、言っても校長が決めてしまうのであれば、少しでも早く終えて溜まった事務処理を片付けたいと思うのは無理からぬところだ。

「今は、都立高校の終焉を見ている気がする」と鈴木さんはつぶやいた。「これからの都立高校は一部の進学校と義務教育で躓《つまず》いた生徒を集める学校だけになって、普通の高校は私立に負けて存在できないかもしれない」と深刻な予想を語った。

定年後はどのような計画を立てているのかと尋ねると、「授業はやりたいので、時間講師には申し込んでいます。でも、再任用はやらない。事務処理や会議はしたくないので」との答えが返ってきた。薬剤師の資格を生かした仕事に就くことは考えないのかと質問すると、「それもあるかな」と少し明るい表情を見せてくれた。

取材に応じてくれた2020年の3月、鈴木さんの正規教員としてのライフステージは幕を閉じた。その際に心中に去来する思いが「都立高校の終焉」である意味は大きい。

1948年に新制高等学校が始まってから2020年は73年目となる。その中で、後半の36年間教壇に立ち続けた鈴木さんの悲観的発言は、この20年間ほどの「教育改革」が、教員が希望を持てる学校現場にはしてこなかったことの証である。それもまた、教育改革の意図の一つかもしれない。

飄々と語る鈴木さんに、筆者は大勢に流されずマイペースを貫く強さも感じた。教員としては一般的ではない学歴を持つ彼は、大量採用の時代だからこそ教育現場に迎えることができた人材だった。採用数が少ない時期には無難な優等生タイプの人が採用試験に合格しがちなのだ。彼のような存在が学校現場から去ると、今後一層、学校教員の同質化、孤立化が進むのではとの不安を、筆者は打ち消すことができない。

第6章

傍らにいる人の教員観

現役教員の取材を終えて

前章では現役教員のライフステージをたどってみた。そこには、文科省や教育委員会が求める教員像を意識することなく、自分の体験と思考で自らのライフステージを歩んでいる教員の姿があった。

しかしながら、取材を受けてくれた教員たちは、ある意味、教員の中の少数派である。学校外の人と話したがらない教員は多く、まして取材となると非常に慎重になる。新聞記者やテレビ番組関係者などには「学校や教員はガードが堅くて中に入れない」というのが通説になっている。学校側の立場を弁明すると、マスコミや一般人の学校を見る目の厳しさを常に感じており、何を話しても批判的に発信される可能性があり、そのリスクを避けるためにガードを堅くせざるを得ないのだ。その中で、筆者に率直に語ってくれた教員たちは何ら後ろめたいところのない、自分の言動に責任を取る覚悟のある教員といえる。このような教員が少数派である点にも、現在の学校や教員の問題がある。現場には、「残念な教員」が相当数存在することも事実だ。

ここからは、教員の傍らで、彼らと連携しながら教育にあたっている人の声を聞いてみる。そのような人々の方が問題点や課題が鮮明に見えることもままあるからだ。

養護教諭の立場から見た教員

養護教諭、いわゆる「保健の先生」は昔から教員と緊密に協力して職務にあたっている。子どもたちの心身の健康を司る職務で、場合によると教員以上に子どもや家族と関わることもある。そして、現在は子どもを取り巻く環境が大きく変化しているため、養護教諭の仕事量と責任も増加の一途をたどっている。その養護教諭の間では「教員は養護教諭を下に見ている。しょせん養護教諭だから」というあきらめの言葉が発せられているという。

この職で正規職員として長年働いた女性に学校と教員についての印象を伺った。川田(仮名)さんは中学校で養護教員として定年まで勤め、現在も常勤職の再任用として中学に勤務している。彼女は大学で教職課程を履修していたが、その当時でも「教員は残業が多いので大変」と思い、比較的残業の少ない養護教諭になるために公立の養護教諭養成機関で学び、首都圏の公立学校養護教諭となった。

初任校以来勤務し続けている市は人口30万人を超える地域の中核都市で、15の中学校が存在する。前近代的な慣習を残す農村部にある学校、昭和の時代に大規模な住宅開発が行われた地域、近年、再開発が進む駅前商業地域など学校の立地により、生徒や保護者の雰囲気もかなり異なることを異動するたびに感じてきた。同時に中学生や教員の変化にも気づいている。

生徒については「小学校で『よいしょ』されているので、自己肯定感が強い子どもが多くなっている」と分析する。自己肯定感が強いのは良いことだが、根拠のない自己肯定感を持っている若者もいることは、近年、指摘されることでもある。「よいしょ」とは、小学校では現在、叱らずに褒める教育が行われており、能力や技能のレベルがそれほど良くなくても褒められていることを指している。自分の能力等を相対的に捉えられず困る生徒が中学では少なくないそうだ。

川田さんの現勤務校は住宅密集地にある大規模校で、教員数は約40人である。年齢別では50代が最も多く、20代、30代と続く。生徒と同様に若い教員も「自分に自信を持っている」ことを感じる。川田さんは教育相談の知識や経験も豊かで、時々、若い教員に生徒指導についてアドバイスすることがある。そんな時、「返事はするけど、アドバイスに従ってはやらない」姿勢をしばしば目にしてきた。「勉強はしてきているけど、人からアドバイスをもらったこと、人から教えてもらったことがあるのだろうか」と彼女はいぶかしがる。

また、子どものことを考えず自分ファーストの教員の存在も気にしている。「子どもに関して気づいたことがあって担任や教科担当に話しても自分のところで止めてしまう。いわゆる『ほうれんそう』ができない人が教員になっている」と苦々しい表情で語る。教員には毎年のように精神的ストレスでの病休者が出る。そのような人の中には「そもそも自分が教員の適性を持っているのかがわかっていないのではと思う人もいる」というのが彼女の率直な感想だ。

管理職についても尋ねてみた。彼女の働く市では生徒数800名以下の学校では養護教諭は原則一人なので、保健や環境に関わる会議の委員に重複して選ばれ、校長・教頭と一緒に仕事をする機会が多い。そのような経験から、彼女は校長の力量が学校に与える影響の大きさを実感している。「できる校長は組織を作れる。校長が良い人だと、その人を核として周囲の教職員が動くようになる」と力説する。「最近は自分が自分がと動きたがる校長もいるけれど、それはダメ」とも言う。強烈なリーダーシップを発揮しようとするより、他の人が動きやすい組織が作れる校長が望ましいと体験から感じている。

取材の最後に今、学校や教員に対して望むことを聞いてみた。「今は年々締め付けが強くなっている。調査・研究が多すぎる。それよりもなによりも、一番大切にしたいのは子ども」との答えが返ってきた。

養護教諭は子どもの心身と健康を支える立場で設置の歴史は古く、学校に昨日今日置かれたものではない。筆者も、特に「教育困難校」で勤務した際にとてもお世話になった。生徒のさまざまなストレスや抱えている問題、リストカットや妊娠、薬物使用等もいち早く察知できる立場であり、教員が見えないものにも気づいてくれる有り難い存在だ。

だからこそ、「教員から下に見られている」と感じる養護教諭が多いことは非常に残念だ。教員には教員以外の人とうまくコミュニケーションを取れない人が少なくない。なぜか他者に対して威張る、動物で言えばマウンティングをする気質はどこからくるのだろうか。

子どもの困り事をサポートする立場から見た教員

学校に通う児童・生徒の中には、生まれた家庭がさまざまな貧困状態にあり、大きな困難を抱えている子どもが一定数存在する。あるいは、コミュニケーション能力や先天的に備わった能力のバランスの問題などで、集団生活が基本となる学校生活に適応できない子どもも年々増えている。そのような子どもたちをサポートしようと、子ども食堂や学習支援等を行うNPOや企業も増えているが、学校や教員と密に関係するのは、第1章で述べた「チーム学校」の実現のために各自治体や教育委員会が設けているスクールカウンセラー（SC）、スクールソーシャルワーカー（SSW）、さらに教育センター等と称される機関の職員だろう。教育センター等は各都道府県市町村で設置され、子どもと保護者の教育相談、不登校の生徒対象の適応指導教室等の運営を主たる仕事としている。

学校で教員と協働する立場のSCやSSWから共通してよく聞くのは、「先生方との信頼関係が結びづらい。部外者と見られている感じがする」という言葉だ。設置が決まってからの時間も長く、多くとも週に1日程度とはいえコンスタントに学校にいるSCは、教員側もその存在に慣れて比較的コミュニケーションは取りやすい。勤務している中で、教員の想像以上の多忙さに驚き、教員の心身の健康管理にまで仕事が及ばないことを歯がゆく思っているSCもいる。それでも、SCに接する態度に教員による温度差が大きく、生徒の状況を伝えても、全く意に介さないような教員もいる。

一方のSSWは教員の中の認知度も低い。SSW歴5年目の30代女性から聞いたところによれば、勤務する市だけの例かもしれないと断りながらも、「この人は何者？」といった教員の態度に遭遇することがしばしばあるそうだ。子どもの困り事の解決には教育と福祉の両面からの支援が必要と学校側、直接には校長が判断して初めてSSWは動ける。実際に活動した際、明らかに問題が顕在化しており、どうしてこの大きな問題を周囲にいた教員がこれまで気づかなかったのだろうと不思議に思うケースも多々ある。「子どもと一緒にいる時間が長く、子どもをしっかりと見ているようで、実はあまり見ていないのではないか」との疑問も感じるそうだ。

彼女の話にも、教員以外の立場の人に心を開こうとしない教員の姿がある。もちろん、SCやSSWを信頼し協働する教員も中にはいる。しかし、「指導」する立場に慣れすぎて、「支援」する立場を理解できない教員は少なくない。これでは「チーム学校」も掛け声倒れになってしまわないか、大いに心配である。

教育相談の立場から見た教員

筆者はある市の教育センターにも勤務している。ここには学校生活がスムーズに送れない児童・生徒及び保護者が相談に来るからか、そこで聞く教員の言動には驚き憤慨するようなケースも多い。相談者の個人情報保護の観点から個別事例の詳述は極力避けるが、以下に、筆者が気づいた教員の姿を挙げてみる。

一番気になるのは、子どもや保護者の言葉に耳を傾けない、レスポンスをしない教員の存在だ。子どもや保護者は、教員に何かを話す際にとても気を遣っている。子どもは「先生に悪いから」と言いたいことを言わず、保護者は「先生も忙しいし、こんなことを言うとモンスターペアレントと思われるかも」と口を噤《つぐ》む。

どうしても伝えたいことができた時に初めて、勇気を振り絞って担任に電話したり、連絡帳に書いたりする。保護者や子どもの多くは文章化することに慣れておらず、確かに何を伝えたいか、わかりづらいこともある。彼らの伝えるまでの気持ちの葛藤を推測すれば無下にはできないはずだが、何も反応しない、それどころか、自分の一方的な言い分だけを発する教員もいる。ここには、子どもや保護者の話を不満やクレームと捉えてしまう教員の姿勢が見える。その姿勢に至るまでに理不尽な保護者に悩まされる、子どもの嘘にだまされるなどの経験があるのだろうが、常にその姿勢で対応していると問題の早期解決の種を見落とすことになる。

筆者の相談者に、担任がいないところで友人から体形や言動をからかわれることに悩んでいた男子小学生がいた。悩んだ彼は母親と相談して学期に1回実施される「いじめアンケート」にその旨を記述したが、担任から何も反応がなかった。担任教員の判断基準ではいじめに該当しないのかもしれないが、本人から気持ちを聞く等の行動があってしかるべきだ。この母は、「こんな先生に道徳を習いたくない」と言っていた。

無神経な言動をする教員

また、無神経な言動が目立つ教員がいることも気になる。同じ内容を伝えるにしても、選ぶ言葉と態度で相手に与える印象は激変する。教員には、相手がどう思うかの配慮が足りない人がかなり多いと感じる。子どもや保護者へのトラブルは、相手がどう受け取るかを考えた言動を教員が取れば、随分減るのではないだろうか。

今年春、小学6年生の母から、担任になった男性教員が初めて保護者と顔を合わせた時、「まさか、担任をやるとは思っていなかった」と言い、その言葉と態度で「この先生は担任をやる気がないのだ」と非常に不安になったと聞いた。実は、担任教員は定年後の再任用なのだが、生徒指導が得意なので学校側が頼んで担任になってもらったのだ。しかし、説明不足により保護者に消極的な印象を与えてしまった。

子どもからは、生徒と保護者では全く違う顔をする教員の話をしばしば聞く。保護者には学習指導に熱心という評判がある小学校教員が、普段の授業では、理解が遅れがちな子どもに「こんなのもわかんないの？　バカじゃないの」、「なんで、みんなと一緒に行動できないの？」などといった言葉を強い口調で発するケースもあった。

最近は、教科担当制が徐々に導入され始めているが、小学校教員は原則として一人の担任がほとんど全ての授業を担当し、給食や清掃、行事もいつも生徒と一緒だ。担任するクラスの支配者、王様という立ち位置の教員も多い。児童の中にも、担任に嫌われたら、クラス内で無事ではすまされないという強迫観念のようなものがある。これは、担任と相性が合わなくても、他の教科担当や部活動顧問の中に好きな教員を見つけられる中学・高校との大きな違いだ。だからこそ、子どもも保護者も誰が担任になるかを非常に気にする。実際、一人の子どもが担任によって生き生きと学校生活を過ごすことができる、反対に学校生活が嫌になり不登校気味になるなどの例を筆者は数多く知っている。この分かれ目になるのが、教員が児童・生徒に配慮ある言動を取れているかという点である。

教育や世界・日本の動きを知らない教員

教育界や社会の動きについてあまりにも知らなすぎる教員がいることも気になる点だ。

ある時、上下運動が見づらいという見え方の癖がある児童の保護者に、「合理的配慮」

の具体策として授業中にルーラーを使わせてもらうように担任に伝えてもらった。すると、「合理的配慮って何ですか?」と言われたそうだ。2016年のいわゆる「障害者差別解消法」により「合理的配慮」の提供義務が学校に課されているのにである。これは一例に過ぎないが、最近の教育や世界、日本の動きを知らない教員は相当数存在する。

筆者の親しい教員が最近くれたメールがある。2015年に国連サミットで採択された持続可能でより良い世界を目指す国際目標、いわゆるSDGsのための研修が校内で行われたそうだ。その際に、マララ・ユスフザイさんを知らない、カカオ栽培が児童労働で支えられていることを知らない、プラスチックが海洋生物や大気に与える悪影響も知らない教員たちに憤慨したという内容だった。これは、この教員の勤務校だけではないはずだ。

教員の無知の最大の原因は、教員があまりにも多忙で新聞や雑誌・本などを手にする時間が取れないことにある。教育に関しては、「教育改革」「教員改革」が相次ぎ、それに追いついていけない状況であることも原因だろう。それとともに、一日の大半をともにする教員集団に教育や社会に関心を持ち学び続ける教員が少なくなっており、知識や知性に重きを置かない雰囲気が教員間に広がりつつあるようだ。さらに、自分で考えて行動するのではなく、上から定められたことに従うタイプの人が教員になっていることも関係しているだろう。自分で考える気持ちがなければ、人は考える根拠となる知識や情報を得ようとはしないだろう。

無事に子育てを終えた保護者が見た教員

先に述べた教員の姿は、学校生活を円滑に過ごせない子ども・保護者から伝えられる教員像であり、現在の教員が持つ負の面を強調しすぎる懸念もある。大部分の教員は適切に日々職務をこなしていると願望も含めて思いたいところだ。

そこで、次に、表面的には学校と何もトラブルを起こさずに子育てを終えた元保護者の教員観を尋ねてみることにする。

取材に応じてくれたのは、首都圏に住む40代の伊藤（仮名）さんで、夫は会社員、一人娘のかおり（仮名）さんは、この春大学に現役合格したばかりである。

母親は４人姉妹の末娘で、家父長制的な雰囲気の家庭に育った。彼女自身は小学校高学年の時に印象的な思い出がある。この時、担任だった男性教員はある一人の女子に周囲の児童が気づくほど特別に目をかけていた。当の女子はそれが嫌で担任にそう伝えたが、彼の態度は改まらなかった。伊藤さんは「先生も人間だから好き嫌いはあるだろうけど、どうなんだろう」と思ったそうだ。

中学に入ると、小学校の時以上に教員との距離が遠くなった感じがした。その後、彼女は公立共学高校に進学する。1年の担任は若い女性の教員で生徒の前ではとても明るく元気だったが、3学期途中で突然退職した。家庭の事情でとのことだったが「なぜ、この時期に辞めるんだろう」と不思議に思ったことを覚えている。

小学生の保護者としての教員との思い出

結婚した伊藤さんは実家に近い市内に居を構える。一人娘のかおりさんは、彼女とは違う公立小学校に入学した。自分の時代とは異なり、幼稚園で一緒だったママ友のグループ間ではさまざまな情報が交換されていた。1年の時の担任は年配女性だったが、ママ友の一人が「あの先生は当たり」と評し、それで少し安心したそうだ。

この教員の指導に感心したことがある。クラスに縄跳びが得意な子がいたが、担任はもっと縄跳びの上手い上級生を呼んでクラスの子どもたちの前で技を披露させた。これに刺激を受けたのか、クラス全員、縄跳びが上手くなった。「小学校では他学年と交流をあまりしないのに、上級生の姿を直に見せるあたりがベテランなのだろう」と、伊藤さんは振り返る。

3年の担任には少し苦い思いがある。この時の担任は、ママ友間の情報では正規教員ではないとのことだったが、漢字の書き取りの採点などについて「そこまで厳密にしなくてもいいのでは」と思うくらい細かい点に拘《こだわ》る教員だった。

そのクラスに転校生の女子が入ってきた。まだ、通学路や近所の地理に慣れないその子と一緒に帰るように、担任が一人の女子児童に頼んだ。かおりさんは、頼まれた児童にさらに頼まれて非常に遠回りして一緒に帰った。途中で迷いながらも3人とも無事に帰宅できたのだが、その際、学校で通ることを禁じられている幹線道路の横断歩道を渡ってしまったのである。

帰りが遅いことを心配した伊藤さんは、帰宅した娘から事情を聞き、連絡帳にそれを記した。担任からは「伊藤さんには転校生の家まで一緒に行ってくれるように頼んでいません」とのみ返答があった。「友だちに頼まれて親切心で遠回りして行ったのに、担任からはこの言葉だけか」と、伊藤さんは失望したそうだ。

この頃、PTA役員から「うちの学年は全国学力調査の結果は市内で一番高いけれど、体力調査では一番低い」との話を聞く。全国学力調査や体力調査が実施されていることは知っていたが、順位等は保護者にも子どもにも知らされていなかったので、「一部の人にだけ伝えられる情報もあるんだな」と思ったそうだ。

現実のモンスターペアレントの存在を知って

小学6年生の時、保護者としてショッキングな事件が起こる。別のクラスの男子の保護者が学校の指導を不服として、実名入りでSNSに繰り返し投稿したのだ。

事の発端は、その児童が保護者のお金を盗んだことだった。彼はそれで自分の欲しい物を買ったり、友人におごったりしていた。気づいた親に問い詰められた時、「友だちに家のお金を盗れって言われた」と釈明し、保護者が学校に事実確認と指導を繰り返し要求したのだ。子どもが親の金を盗む例は決して珍しくはなく、それが見つかった際に事実とは異なっていても自己弁護のために「友だちに脅された」と言うこともままある。このケースの真実は今でもわからないが、親のヒートアップぶりはすさまじく、「こういうのをモンスターペアレントっていうんだ」と思ったそうだ。

しかし、かおりさん自身の6年生の担任は好印象だった。それまで配られていた学年便りとは別に、「クラス便り」を作成してくれ、そこにはクラス活動の写真もあり、学校での子どもたちの様子がよくわかったのだ。

私立中高一貫校に入学させて

当時、近隣の公立中学が荒れているという噂もあり、私立中学受験を考え始める。私立中学の説明会に参加してみると、公立よりもさまざまな体験ができる機会が設けられていることがわかり、親子で相談し受験することになった。前述のように、6年の担任はクラス経営に熱心な教員だったが、この決定の過程で伊藤さんが相談することはなかった。かおりさんも含めクラスの児童たちは、学校の勉強で苦手教科が出始める3年あたりから塾に行き始め、高学年の時にはクラスの3分の2程度は塾に通っていた。

かおりさんは伝統のある私立中高一貫校に入学した。そこを卒業した今、「私立はお金をかけている分、色々な経験を積めた」と実感している。英語のネイティブ教員による授業や補習、クラブ活動の種類や数、さらに大学との連携事業などが高評価の源だ。

一つだけ、マイナスの印象だった出来事がある。それは体育祭での出来事で、その時、かおりさんの友人が側頭部の髪を編み込んだ髪型で登校した。すると、「その髪型は校則違反。すぐにほどきなさい」と教員から言われたそうだ。「普段、同じような髪型をしている人には言わないのに。そもそも校則には書いてないし」とかおりさんは帰宅後に話したという。伝統を重んじる高校とは理解しているが、それに固執しなくてもいいのではと、母としても思ったそうだ。

これまで出会った教員の印象

これまで保護者として多くの教員に接してきて、教員はどのような人と感じてきたかを尋ねてみた。「小学校では子どもが好きな人、中学・高校では子どもが好きというよりも上に立って自分の知識やスキルを子どもたちに教える人」というのが伊藤さんの印象だった。

さらに、どんな教員が良い教員だと思うかとの問いには、少し考えてから「子どもにとってはしゃべりやすい先生がいいけれど、子どもから聞いたことを何でも他の子にしゃべってしまう先生がいます。子どもが好きなのはいいけれど、子どもと同じレベルにいる先生はダメだと思います」と語った。また、「高圧的な態度の人がいるけれど、これは今の時代にはだめ」とも断言した。

伊藤さんの意見には筆者も賛同する。特に、前者は子どもから「人気の先生」になりがちだが、一方で、いじめ等の事件を起こす教員にも多いタイプだ。2019年に起こった神戸の教員間暴行等事件の加害者はこのタイプだったと、元教え子の話などから推測できる。

最後に、もし娘さんが教員になりたいと言ったらどうするかと尋ねてみたところ、「やめた方がいいと言います」と即答された。その後に、「テレビのニュースなどを見ていると、今は先生や学校への保護者の要求が多くなっているので先生は大変。それに、夜遅くまで電気が点いているのを見ると先生は本当に仕事が多くて大変なんだと思うので」と理由を語ってくれた。

内心、思うところがありながらも、無事に学校生活を送ることができた伊藤さん母娘《おやこ》のような人が、この時代でも大半だろう。大きなトラブルがなかったので学校や教員を身近に感じていない人でもある。そのような人々の間にも、教員は多忙であり、その大きな原因になっているのが保護者の変化との認識があることを、伊藤さんの話から感じることができた。

教員の傍らにいる人たちの証言から、教員外の人に接する際に構えてしまう、相手の上に立とうとしがちである、自分の価値基準に固執する、相手の受け取り方を考えない言動をする等のある種の教員に共通する姿勢が見えてくる。これらは、教員という強固な「内集団」に居続ける内に身に付けた態度だと思える。どのような集団でも「ムラ社会」的気質は生じるものだが、自分たちを管轄する文科省を始め周囲から、いわば「外集団」から批判的に見られている教員たちが自己を守るために取っている防御的姿勢と考えることもできる。

第7章
教員・学校の将来のために

「教育改革」の点検が必要

教員は今、非常に厳しい状況に置かれている。表面的な改善は多少あっても、現状の働き方が続けば心身を病む教員が続出し、教育の質は保証されず、教員志望者の減少は食い止められないだろう。

コロナ禍で学校の社会的意義の大きさが改めて判明したが、これから日本社会がどのように変化していっても、学校は形が変わりながら必要とされ続けるだろう。疲弊する教員と学校のために、今何をなすべきか、実現が難しいものも含まれるが、筆者の私論を述べてみたい。

まずは、現在進行している、また近年中に予定されている改革を一時中断し立ち止まって検証することが必要だ。どれほど緻密《ちみつ》で優秀な機械やシステムでも点検が必要であり、そのための一時中断は不可欠だ。「教育改革」も今、その目指すべき方向性や具体策を見直す時期に来ている。次々に実行される改革に関する書類を読むだけでも教員は多くの時間を取られ、忙しい日常の中ではそれについて真剣に考える暇もない。

第3章で、この20年ほどの改革はグローバリズムとナショナリズムの2方向を目指しているとの辻田真佐憲氏の説を紹介した。改革を進めた主体にとっては、この2つは表裏一体かもしれないが、学校現場に降りてくる具体策はちぐはぐで統一感がない印象が否めない。例えば、一人一人の個性や特性に配慮した指導を求めながら、後述するように、画一的な指導を進める動きがある。多様性を認める教育と言いながら、同じタイプの教員を育てようとする。プログラミング授業で児童の興味を引くようにゲームや動画など映像を重視しながら、一方で、子どもに読書を勧める計画も始める。教員はどちらに自分の軸足を置くか悩み、心を引き裂かれる。その結果、生まれたのが今の状況だ。2020年に開始された小学校の新しい学習指導要領に続き、中学、高校と新課程が開始され、その準備と実践だけでも多忙なのに、「Society 5.0に向けた人材育成」や第3期教育振興基本計画に沿った改革等が後に控えている。これでは、教員の多忙さが解消されるはずがない。

教員の仕事の精選と同様、改革内容の精選も重要なことだ。その上で、早急に解決すべき点、教員の過剰な仕事量と教員の同質化の進展に向き合うべきである。

文科省が教員の長時間労働を改善したいと思う気持ちは本物と筆者は感じる。近年、教員の業務の精選やクラス児童・生徒数の見直し、教員の定数改善などを同省はたびたび提言しているが、国家財政の壁に阻まれなかなか実現しなかった。

しかし先述したように、コロナ禍で新たに生じた教員負担の軽減のために常勤教員約3000人増などが2020年度補正予算で認められた。さらに、公立小中学校全学年での「30人学級」実現の体制整備とそのための教員増を、文科省は2021年度予算概算要求の「事項要求」としたとの報道もある。悲願の教員増を阻んでいた壁に風穴を開けたのが感染症というのは皮肉だが、これが突破口となることを期待したい。その反面、国家財政の逼迫が予想される中、増員をしても教育効果が十分に出なければ次年度以降撤回される虞《おそれ》もあるので、実は教員にとって正念場とも言える。

新しい働き方のために「チーム学校」を大胆に進めるべき

過剰な業務量になる一番の原因は、日本では他国とは異なり、あらゆる分野の教育が学校に負わされている、いわゆる「日本型学校教育」だからだ。学習指導、集団の中での振る舞い方、食事や清掃等生活の仕方、規範性・遵法性を身に付ける教育に加え、パソコンのスキル、薬物や飲酒・喫煙の弊害に関する教育、食育教育、ソーシャルメディアリテラシー、ゲーム依存防止教育、貧困対策等々とあらゆるものが次々と教育内容に上乗せされていく。

これらを全て教員が指導できるのだろうか。新しい教育内容が加わるたびに教員が必死に学ぶ姿をニュースなどが取り上げる。例えば、ダンスが体育授業に導入された際には、ベテランの教員がヒップホップダンスをぎこちなく踊る姿がテレビなどに流れた。付け焼刃の知識や技能で子どもに教えてよいのだろうか。基礎を教えるだけなので深く学ぶ必要はないという反論もあるだろうが、基礎を教えるのが一番難しいことを教員は熟知している。「チーム学校」で「外部の専門家」に学校の教育活動に参加してもらうことを推奨するのだから、専門家に継続的に授業をやってもらい、教員はそのコーディネーターとして公教育のルールから逸脱させない管理者になるという方向もあると思う。今後も目まぐるしい社会変化が予想される中、全ての教育を学校と教員に任せるというのでは、必ず教員は息切れしてしまう。

それを回避するためには、社会全体のバックアップが必要であるのは言うまでもない。例えば、企業や機関が学校教育事業に取り組み、社員に教育研修を行い、教員として学校へ出向させたり、定年退職者を活用したりする対策はどうか。民間のサポートに大いに期待したい。

また、オーバードクターの若手研究者が学校教育に参加することも提案したい。この場合、ポイントとなるのは、無償ではなく対価を支払うことだ。こうした策には、当事者、子ども、教員の三者への「三方よし」のプラス効果も期待できるのではないか。

複数担任制、教科担任制と校務分掌の見直しが急務

授業がこのように変われば、教員の業務内容も変わるだろう。実行してほしいと筆者が切望するのは小学校中学年からの教科担任制と複数担任制である。小学校高学年での教科担任制は進められつつあるが、学習の理解度は2・3年生で大きな差が出る。わからない児童をサポートする、能力が高い児童を伸ばすためにも、教科指導の専門性の高い教員が授業を担当するべきだと考える。

現在、1つのクラスには担任と副担任があてられるが、クラス運営の仕事はほとんど担任が行う。小学校では、担任の人間性や能力が児童に与える影響は極めて大きく、担任との相性が悪ければ、その1年は児童にとって辛いものとなる。教科担任制を取る中学でも、生徒自身が人生で最も多感な時期の上進路決定という大きな関門も控え、担任の影響力は想像以上に大きい。

一人の教員が多様な児童・生徒に目を配るのは困難なので、多様な個性を備えた複数の

担任で対応すれば教員側には負担軽減になり、児童・生徒側には自分を理解してくれる教員を見つけやすくなる。既に、2人担任制を取る自治体や高校もあるし、校長による大胆な改革で有名な千代田区立麹町《こうじまち》中学校でも全員担任制という形で複数担任制が取られている。学年団の教員が連名で担任になり、その中で得意な業務をこなしあうというのは比較的簡単に実施できる制度改革なのではないだろうか。

教員の長時間労働の軽減のための非常に簡単な方法が実はある。それは、児童・生徒が学校で学ぶ時間を短くすることだ。通常であれば、ほとんどの学校は8時40分前後に始まり、小学校低学年では14時半頃、中学年以降は15時頃、中学校以降は15時半から16時頃に放課となる。しかし今年はコロナ禍で生じた学習の遅れを取り戻すために、それぞれ30分程度遅くなっている。一方、教員の勤務時間は8時30分から17時30分頃となっている。児童・生徒が放課になってから長くて2時間半、そこにクラブ活動や部活動、委員会活動、さらに下校指導など様々な指導が入るのだが、そもそも時間設定自体が無理ではないだろうか。企業人で考えてほしい、明日、4種類（つまり4授業分）以上のプレゼンテーションがあるのに、前日準備が2時間程度で終わるだろうか。厳しい競争社会にある企業と学校とを比べるのはおかしいとの反論が来そうだが、授業は教員以外の人が思う以上にシビアなものである。児童・生徒は大人ほど話し手に忖度《そんたく》してくれない。

だが、在校時間短縮は現在の日本では認められないだろう。加えて、コロナ禍でわかったことは、特に、小学生は長時間学校にいて見守られているからこそ保護者の労働が成り立つということである。現在の在校時間でも短いので、学童保育や放課後児童クラブ等も各地で設けられている。これらを考慮すると、在校時間は現状維持のままで、教員に空き時間を作り、時間的余裕を持たせなければならない。

例えば、各学校種で昼食までは国語・数学・理科・社会他の学習をクラス単位で行う。昼食後の午後は、個人の身体的活動が多い英語と本人の興味・関心で選んだ芸術や体育、さらに外部の専門家による授業を行うということも考えられる。昼食後にあまり興味の持てない一斉授業を受ける辛さを経験した人は多いだろう。子どもの興味・関心に沿った実技科目や、各教科の発展的な学習、理解が不十分な児童・生徒の学び直しの学習などにあてると、時間の有効活用になるのではないか。高校の場合、学校と提携した企業や公共機関、高等教育機関などでアルバイトすることを授業の一種としてもよい。

このように外部の専門家の協力を得るためには、教員の「内集団」意識を変える必要があるのは言うまでもない。

校務分掌にも大鉈《おおなた》を振るいたい。現在は、教務部、教育相談を含む生徒指導部、渉外部等の分掌の1つ以上に全ての教員が所属し、数年後に別の分掌に変わるのが慣例だ。また、部活動かクラブ活動の顧問も全員が割り当てられたので、その競技経験がない教員が運動部顧問になり、技術が上の生徒から軽く見られる弊害も生じていた。

これらの慣習を止め部活動も校務分掌の一つに含み、教員自身の強みを生かして、どれか1つを選ぶか他薦されるかとし、校務の専門家を育成してはどうか。例えば、コミュニケーション能力の高い教員は渉外交渉部に属し、行事の際の外部機関との交渉、コミュニティスクール関連の会議、クレーム対応を含めた保護者対応などを行う。特にクレーム対応では、それを受ける教員の態度で相手の言動は大きく変わる。もっと上手く対応していれば、これほど大事にならなかったのにと思う案件は、筆者が聞いた中でも非常に多い。

現役教員の取材で、その時抱えている仕事の点数化や可視化を求める声があったことは非常に重要だ。個々の教員が実際にこなしている仕事の総量は異なるが、それを管理職が正しく把握していない。指導に苦労することがあっても、自分の弱みを見せたがらないのは最近の教員に共通している点でもある。そこで、その遂行に必要な事務量や身体的労力量、対外的な責任などを加味してそれぞれの業務を点数化し、一定以上の点数になったら、その教員に新たな仕事を課さないという方法も考えられるのではないか。これができるのは管理職だろう。

改革の最大のキーマンは管理職

この間の「教育改革」は管理職の組織化と校長の権限拡大、処遇改善を目指してもいる。しかし、この意図は教員には歓迎されていない。その証拠が管理職登用試験の受験者の減少だろう。

文科省は教員採用試験に関しては詳細なデータを公表しているが、管理職登用試験については全国の受験資格や新規登用率は出されているものの倍率に関しては触れていない。だが、時々、報道される各地の状況や学校現場の感覚では、各教育委員会が受験者集めに苦慮している姿がわかる。例えば、神戸市教育委員会では校長・教頭への昇任試験の倍率が減少したため、従来行っていた筆記試験の廃止を決めたと2020年9月に新聞で報じられた。この記事によると同市の教頭への昇任試験の倍率は、2008年度には小学校で5・12倍、中学校で8・78倍だったが、2019年度にはそれぞれ1・5倍、2・04倍まで下がったという(『朝日新聞』2020年9月11日付)。

実は副校長、教頭の勤務時間は「ヒラ教員」と同等かそれ以上の長時間であり、教育委員会や校長など上からの指示で動かざるを得ない彼らの姿に魅力を感じる教員は、筆者の取材ではいなかった。

学校に必ず置かねばならない職階なので、極端に言えば、志願者が少なければ受けたら合格し誰でも管理職になれる。教員になる人のほとんどは、子どもを育てる、自分の好きなことで子どもに影響を与えることに価値を置くタイプであり、あまりお金や地位に強く執着する人々ではない。その例外である少数の人か上司から頼まれると断れないタイプの人が管理職になり、上意下達のシステムの中に組み込まれていく。この20年間の改革で、管理職と「ヒラ教員」の距離が一層開いたことを取材で感じた。

もちろん、素晴らしい管理職が存在することも筆者は体験している。そのような管理職は何より外部の取材を恐れず、自身の信念や実践を語り、個々の教員への目配りも欠かさない。しかし、筆者だけでなく、取材拒否を経験したマスコミやジャーナリストは多いはずだ。学校に批判的な報道が多く、それが教員を苦しめ閉鎖的にさせているのは事実だが、これでは双方にとって良くない。

管理職に指導力を求め、一方で権限を強めることは、教育改革関連の書面でたびたび記されているが、それに値する人間性を持った人を登用しない限り、これは暴政や独裁になる。人間性を疑うような管理職は残念ながら相当数存在する。退職2年目の元中学校長に地震や台風の際の危機管理について聞いたことがある。彼の答えは「自分で一番先には決めない。周辺のA市やB町の様子を見て、一番多い対策に決める」というものだった。周辺市町とは地形や交通条件なども異なるのにもかかわらずである。文科省や教育委員会で生徒の安全を第一に考えるようにとの指示・伝達がなされているはずだが、自分の責任回避を第一とする校長もいるのだ。「最高の危機管理は危機の時に学校にいないこと」という迷言も管理職から聞いたことがある。

校長等の学校運営の権限は他の教員からの信頼に拠って立つべきだが、その信頼が危うくなっていることがままある。「校長は教育委員会の方ばかり見ていて、教員は見ていない」というのは教員からしばしば聞く声である。

以前、都内の私立伝統校の女性校長から「私は、昨年まで英語科主任だったのですが、今年は校長になりました」と聞いたことがある。その学校は創立以来教員の互選で管理職を選出しているそうだ。教員の異動がない、理事会等もある私立ならではかもしれないが、随分民主的に選ばれるのだと感心した。

公立学校でも、管理職の入口となる主幹教諭を教員の互選で選ぶ方法はどうだろうか。一緒に勤務していれば、その人の人柄や能力はわかるものだ。もし、勤務校に派閥のようなものがあっても、無記名選挙を行えば教員の真の意向がわかるだろう。選ばれた人は、他の教員から管理者となることを付託されたと捉えてもらう。彼らは恐らく子どものためを第一義に考えるタイプだろうが、管理職になって子どもと直接接することができなくなる代償として、賃金等を大幅にアップしても誰も文句は言わないだろう。教員集団の中で民主的な組織作りが行われれば、児童・生徒への身近な民主主義教育にもなり得る。管理職は教員を分断する者ではなく、教員を代表する者であるように再構築するべきだ。

教員の同質化を食い止めることも喫緊の課題

既に述べたように、「教育改革」に歩調を合わせて「教員改革」が実行され、養成・採用・研修を通して「求める教員像」が一貫して意識されるようになり、現在、教員の同質化が進んでいる。背景には、大量採用期の教員が一斉に退職を迎え、教員の年齢・経験構成が一気に変化したこともある。学校の活動は止められないので、現場は即戦力となる教員を求めるし、経験の浅い教員はマニュアルがある方がやりやすい。そこで、授業や生徒指導のマニュアルらしきものが定められるようになった。

生徒指導に関しては、2010年に「生徒指導提要」が策定され、これが教員採用試験の頻出内容であり、学校現場のマニュアルにもなっている。学習指導では各地で「○○スタンダード」等と称される指導法が推奨され、また、学習指導要領遵守の姿勢は義務教育段階で非常に強い。特に、小学校ではたびたび研究授業が行われ、それを通して授業スタイルが身に付いていく反面、一定のスタイルになるよう型にはめることにもなっている。

第4章で取り上げた前屋毅氏のインターネット記事には、小学校教員の「授業の手順から板書の仕方まで指導を受けます。ガチガチに決められていて、自分なりのやり方などは否定されます」という声が採られている。さらに、別の若手教員は学校で決められた手順・指示通りに授業を進めると理解できない子どもがいることがわかり、それが教員のストレスにもなるが、全員が理解できるような授業を自分で工夫してやることは無理だと断じる。「そんなことをすれば、すぐに指導が入ります。決められたルールから外れることをしたら、大変なことになります」と言う。さらに自分なりにやる方法を習ってきていないので、自分でもやれる自信がないし、言われたことをやっていれば「良い先生」と評価されると続けている。

小学校ほどは厳密ではないが、中学校でも画一的な指導を進めようとする方向性は同様である。1年間の授業はきっちりと授業進度と授業内容、テスト範囲が定められ変更はまず許されない。元高校教員の筆者から見ると厳格な計画性に息苦しさを感じるほどだ。社会にとって重要な事件等が起こっても、授業計画の中にタイムリーに取り込むことはほとんど不可能だろう。これでは、社会に関心を向ける貴重な機会を逃すことになるし、教員も社会の動きにますます疎くなるだろう。

学校運営の面から見れば、マニュアルに従う教員は、多忙な業務を効率的に進めるために望ましい存在かもしれないが、これからの時代の教育を考えると疑問を禁じ得ない。予測の難しいこれからの時代では、多様性を重んじ、他者と十分に対話して落としどころと言えるような解決策を導ける人が必要なはずだ。政府や文科省の教育に関する提言等にはそう書かれているのに、現実には正反対の教員が多数派になっている。この矛盾はどこから来るのだろうか。本音では、上からの指示に従い自分で考えず物言わぬ人材を育成したいと考える誰かが「教育改革」に介入しているのではないかと推測したくなる。

コロナ禍がこれまでの未来予測を大きく変化させたことは誰しも認めるところだろう。「教員改革」も立ち止まり、目指すべき方向を「画一性」から「多様性」に転換し、多様な教員の在り方が子どもたちの大人像になるような、養成・採用、そして研修制度を再考すべき時だと考える。

おわりに

最後に、紹介したい文章がある。

「最後に、中央教育審議会として保護者・PTAや地域の方々にお願いをしたい。（中略）その教育の最前線で、日々子供たちと接しながら、子供たちの成長に関わることができる喜びは大きいとはいえ、つらいことがあっても、自らの時間や家族との時間を犠牲にしても、目の前の子供たちの成長を願いながら教壇に立っている現在の教師たち。これまで我々の社会はこの教師たちの熱意に頼りすぎてきたのではないだろうか。所定の勤務時間のはるか前に登校する子供のために、自分はさらに早朝に出勤する教師。平日はもちろん一般の社会人が休んでいる休日まで子供たちの心身の成長を願い部活動に従事する教師。子供の様子を一刻も早く共有するため、仕事をしている保護者の帰宅を待ってから面談する教師。

こうした中で、教師たちは長時間勤務を強いられており、そして疲弊している」

これは、2019年1月の中教審答申「新しい時代の教育に向けた持続可能な学校指導・運営体制の構築のための学校における働き方改革に関する総合的な方策について（答申）」57頁の一文である。さらに、文章は次のように続く。

「今回の学校における働き方改革は、我々の社会が、子供たちを最前線で支える教師たちがこれからも自らの時間を犠牲にして長時間勤務を続けていくことを望むのか、心身ともに健康にその専門性を十二分に発揮して質の高い授業や教育活動を担っていくことを望むのか、その選択が問われているのである。

子供たちの未来のため質の高い教育を実現するには、保護者・PTAや地域の協力が欠かせない。この答申の最後に、学校における働き方改革についての保護者・PTAや地域をはじめとする社会全体の御理解と、今後の推進のための御協力を心からお願いすることとしたい」

この文章を目にした時、筆者は心打たれた。これほど、教員の立場に立ち、現状を改善したいという心情溢れる文が中教審から発せられるとは思っていなかったからだ。この答申では、今後の教員はどう働くべきかの選択を国民全体で議論することを期待しているが、残念ながら現在までにその動きはない。この答申に力づけられるはずの教員たちも、そのほとんどがこの一文の存在さえ知らないだろう。

日本では国民ほぼ全員が学校教育を体験しているので、それに基づいた感想や意見は誰しもが言える。だが、それらは時代や学校、教員の変化を考慮した建設的な意見にはならず、批判や独断に終始しがちだ。学校や教員の現状を知ることから、将来に向けた議論を始めてほしいとの思いが、この答申からにじみ出ている。

筆者が本書を執筆した動機も、まず現状を知ってほしいという思いからだ。2019年秋、神戸市東須磨小での事件が話題になった時、教育に関する発信を続けている筆者もいくつかのマスコミから意見を求められた。元高校教員で小学校事情には通じていないため正式のコメントは断ったが、あの事件に類することは、学校現場ではさほど珍しくないとは伝えた。すると、相手は「真面目で優等生の先生がそんなことするんですか?」と一様に驚き、筆者は一般社会のステレオタイプの見方に逆に驚かされた。教員、特に公立校教員は公務員でもあり、なかなか思いを発信することができない。勝手ながら、彼らの代弁者になりたいと改めて思った。

この文を書いている時点でも残念ながら教員の不祥事は起きている。このところは、生徒に柔道の技をかけて重傷を負わせた中学校教諭、児童の上履きを隠して同僚に対するうさ晴らしをした小学校教諭、未成年者と性行為に及んだ中学校教諭等あきれ果てるような事件がインターネット上で話題になっている。どれも教員としてだけでなく人として許されない行為であり、犯人は相当の罰に処すべきである。

しかし、これらの事件のせいで、誠実かつ懸命に教員という仕事に向き合っている大勢の人々を含む教員全体に新しい業務が追加され、社会が教員を見る眼差しが一層冷たいものになることがないよう心から願いたい。

これまで述べてきたように教員の労働環境は厳しく、そこから生じるストレスも非常に大きい。国や地方自治体は、これからの教育に教員が果たす役割が大きいと繰り返し発言しながら、なぜかその労働環境や待遇はなかなか改善されない。同じように、将来の日本のためには多様性を尊重する教育が必要としばしば言及されながら、その教育を指導する教員は、養成・採用・研修を通じて同質性が強められ、厳しい環境も相まって、強い上下関係と集団規範を持つ「ムラ社会」化が進んでいる。この状況を見ると、この国は掛け声だけで、実際は教育を非常に軽んじているのではないかという疑念がどんどん大きくなっていく。

軽んじられているのは教育だけではないのかもしれない。教育が依って立つところの学問や知性、正しい知識も、政治や経済の力、そして金銭をものごとの最優先の価値基準とする人々によって日々屈服させられているように思える昨今でもある。

おそらく誰も予想しえなかった新型コロナウイルスの感染拡大は、予測不可能な時代の到来を私たちに実感させた。今後、経済や社会情勢は大きく変わっていくだろうが、どんなことが起こっても生き抜ける人間を育てるのが教育の責務であり、その主たる場となるのが学校である。果たして、今の学校と教員がこの責務を果たせるのだろうか。学校と教員の現状を世に知らしめ、将来の学校と教育を考える議論の叩き台となること、これが本書の大きな目的である。

とはいえ、今回の執筆は非常に困難だった。教員というテーマは、教育研究者ではない筆者にはあまりに大きく、重すぎる。そこで、元教員の視点を生かし、教員の今を切り取る記述を心掛けた。管理職や教育委員会の取材がないなど不備な点は本人も十分に自覚している。新型コロナ感染拡大の影響で、取材を快諾していただきながら実現できなかった方もいる。また、教育関係資料の誤った理解や事実誤認等があれば、それらは全て筆者に責がある。それでも、拙書がこれからの教員と学校を考える一石となれば、これ以上の喜びはない。

最後に、取材を受けてくれた全ての方、学校現場を離れた後も以前と変わらぬ真情で接してくれる教育界の先輩、友人たち、そして前書『ルポ　教育困難校』の刊行時同様、筆者を常に激励し続けてくれた朝日新書編集者の大﨑俊明氏に心からの謝辞を伝えたい。

教育年表（2000年〜2020年）

2000年	1月	学校教育法施行規則等の一部改正・・・学校評議員制度導入、職員会議の位置づけの明確化他
	12月	教育改革国民会議報告が出る→教員養成改革の契機に
2001年	1月	文部科学省発足
2002年	2月	中教審答申「今後の教員免許制度の在り方について」・・・10年経験者研修の創設へ
2003年	12月	学習指導要領一部改訂・・・発展的な学習を認める
2004年	4月	国立大学の法人化
2006年	7月	中教審答申「今後の教員養成・免許制度の在り方について」・・・免許更新制導入へ
	9月	安倍内閣発足・・・首相直轄の教育再生会議発足（10月）
	12月	教育基本法改正・・・約60年ぶり改正、閣議による教育振興基本計画策定も決められる
2007年	4月	全国学力・学習状況調査の実施・・・43年ぶりの全国一斉テスト
	6月	学校教育法の改正・・・主幹教諭、副校長の設置
	6月	教育職員免許法の改正・・・免許更新の導入（2009年より実施）
2008年	3月	小中他の学習指導要領改訂・・・「脱ゆとり教育」明確に（高校は翌3月）
2009年	9月	民主党政権発足
2010年	4月	公立高校授業料無償化開始
	4月	学校・教職員向けに「生徒指導提要」配布
	6月	中教審諮問「教職生活の全体を通じた教員の資質能力の総合的な向上方策について」
2011年	3月	東日本大震災発生
	3月	国立教育政策研究所、「教員の質の向上に関する調査研究報告書」を公表

2012年	8月	中教審答申「教職生活の全体を通じた教員の資質能力の総合的な向上方策について」
	12月	安倍第2次政権発足・・・教育再生実行会議の設置（翌1月）
2013年	3月	文科省「教職員のメンタルヘルス対策検討会議」の最終まとめ発表
	6月	いじめ防止対策推進法が成立
2014年	11月	中教審初等中等教育分科会教員養成部会、「これからの学校教育を担う教員の在り方について（報告）―小中一貫教育制度に対応した教員免許制度改革―」を公表
	12月	中教審答申「新しい時代にふさわしい高大接続の実現に向けた高等学校教育、大学教育、大学入学者選抜の一体的改革について」
2015年	12月	中教審答申「これからの学校教育を担う教員の資質能力の向上について～学び合い、高め合う教員育成コミュニティの構築に向けて～」
	12月	中教審答申「チームとしての学校の在り方と今後の改善方策について」
2016年	11月	教育公務員特例法の一部改正・・・資質向上に関する指針、教員研修計画、10年経験者研修が中堅教諭等資質向上研修へ
2017年	3月	小中学校の新学習指導要領が告示（高校は翌3月）
	12月	文科省、「学校における働き方改革に関する緊急対策」を公表
2018年	6月	文科省政策ビジョン「Society 5.0に向けた人材育成」を公表
2019年	1月	中教審答申「新しい時代の教育に向けた持続可能な学校指導・運営体制の構築のための学校における働き方改革に関する総合的な方策について」
	11月	2020年度の大学入試共通テストにおける英語外部試験の導入見送り
	12月	2020年度の大学入試共通テストにおける記述式問題の導入見送り
2020年	2月	新型コロナ対策のため全国一斉休校を要請（休校は3月2日から）
	4月	新学習指導要領、小学校でスタート（中学は翌年、高校は翌々年）

中央教育審議会初等中等教育分科会教員養成部会「これからの学校教育を担う教員の在り方について（報告）―小中一貫教育制度に対応した教員免許制度改革―」 2014年11月
Society5.0に向けた人材育成に係る大臣懇談会　新たな時代を豊かに生きる力の育成に関する省内タスクフォース「Society5.0に向けた人材育成～社会が変わる、学びが変わる～」 2018年6月
文部科学省「学校基本調査」、「公立学校教職員の人事行政状況調査」他各年
中央教育審議会　各種答申、報告、参考資料等

辻田　真佐憲『文部省の研究―「理想の日本人像」を求めた百五十年―』 文春新書1129　2017年４月
苫野　一徳『教育の力』 講談社現代新書2254　2014年３月
『「学校」をつくり直す』 河出新書005　2019年３月
林　純次『残念な教員―学校教育の失敗学―』 光文社新書741　2015年２月
広田　照幸『教育改革のやめ方―考える教師、頼れる行政のための視点―』 岩波書店　2019年９月
諸富　祥彦『教師の悩み』 ワニブックスPLUS新書296　2020年６月
山本　崇雄『なぜ「教えない授業」が学力を伸ばすのか』 日経BP　2016年７月
山本　宏樹「暴力で維持される公教育」『Journalism』No.358　朝日新聞社　2020年３月
株式会社リベルタス・コンサルティング
『平成29年度文部科学省委託研究 「公立小学校・中学校等教員勤務実態調査研究」調査研究報告書』 2018年３月
国民教育文化総合研究所教育行財政改革をすすめるための有識者会議
『教員勤務の「多忙化」解消に向けた提言』 2013年８月
国立教育政策研究所初等中等教育研究部　研究代表者　工藤文三（国立教育政策研究所初等中等教育研究部長）
『教員養成の改善に関する調査結果―教員養成等の在り方に関する調査研究（教員養成改善班）報告書―』 2013年３月
全国都道府県教育長協議会第４部会
『平成29年度研究報告書No.4　教職員定数にかかる現状と課題について』 2018年３月
中央教育審議会「教職生活の全体を通じた教員の資質能力の総合的な向上方策について（答申）」 2012年８月
「チームとしての学校の在り方と今後の改善方策について（答申）」 2015年12月
「新しい時代の教育に向けた持続可能な学校指導・運営体制の構築のための学校における働き方改革に関する総合的な方策について（答申）」 2019年１月

おもな参考文献

今津　孝次郎『教師が育つ条件』 岩波新書1395　2012年11月

内田　良・広田　照幸・髙橋　哲・嶋﨑　量・斉藤　ひでみ
『迷走する教員の働き方改革―変形労働時間制を考える―』
岩波ブックレットNo.1020　2020年３月

江澤　隆輔『先生も大変なんです―いまどきの学校と教師のホンネ―』 岩波書店　2020年３月

大桃　敏行・背戸　博史編『日本型公教育の再検討―自由、保障、責任から考える―』 岩波書店　2020年７月

岡﨑　勝・赤田　圭亮編『わたしたちのホンネで語ろう　教員の働き方改革』 日本評論社　2019年11月

小野田　正利『親はモンスターじゃない！』 学事出版　2008年７月

金子　真理子「非正規教員の増加とその問題点―教育労働の特殊性と教員キャリアの視角から―」
『日本労働研究雑誌』No.645　2014年４月

苅谷　剛彦『教育改革の幻想』 ちくま新書329　2002年１月
『追いついた近代　消えた近代―戦後日本の自己像と教育―』
岩波書店　2019年９月
「教育改革神話を解体する」『中央公論』 2020年２月

工藤　勇一『学校の「当たり前」をやめた。―生徒も教師も変わる！公立名門中学校長の改革―』 時事通信出版局　2018年12月

笹川　力「教員評価制度に対する教員の受容意識の研究―青森県Y小学校を事例として―」
『東北大学大学院教育学研究科研究年報』第57集第２号
2009年６月

妹尾　昌俊『変わる学校、変わらない学校』 学事出版　2015年10月
『先生がつぶれる学校、先生がいきる学校』 学事出版
2018年８月
『教師崩壊―先生の数が足りない、質も危ない―』 PHP新書1223　2020年５月

朝比奈なを　あさひな・なを
東京都出身。筑波大学大学院教育研究科修了。公立高校の地歴・公民科教諭として約20年間勤務した後、大学非常勤講師、公立教育センター勤務、高校生・保護者対象の講演等幅広い教育活動に従事。その体験と取材をもとに『内外教育』(時事通信社)、『月刊高校教育』(学事出版)他で連載を担当。おもな著書に『ルポ教育困難校』(朝日新書)、『見捨てられた高校生たち―知られざる「教育困難校」の現実―』『高大接続の〝現実〟―〝学力の交差点〟からのメッセージ―』『置き去りにされた高校生たち―加速する高校改革の中での「教育困難校」―』(すべて学事出版)がある。

朝日新書
791

教員《きょういん》という仕事《しごと》
なぜ「ブラック化」したのか

2020年11月30日第1刷発行

著　者　朝比奈なを

発行者　三宮博信
カバーデザイン　アンスガー・フォルマー　田嶋佳子
印刷所　凸版印刷株式会社
発行所　朝日新聞出版
〒104-8011　東京都中央区築地5-3-2
電話　03-5541-8832（編集）
03-5540-7793（販売）

Published in Japan by Asahi Shimbun Publications Inc.
ISBN 978-4-02-295102-1
定価はカバーに表示してあります。

落丁・乱丁の場合は弊社業務部(電話03-5540-7800)へご連絡ください。
送料弊社負担にてお取り替えいたします。

朝日新書

たのしい知識
ぼくらの天皇（憲法）・汝の隣人・コロナの時代

高橋源一郎

きちんと考え、きちんと生きるために――。明仁天皇のビデオメッセージと憲法9条の秘密、韓国・朝鮮への旅、宗主国と植民地の小説。ウイルスの歴史を、カミュ、スペイン風邪に遡り、たどりつく終焉、忘却、記憶、ことば。これは生きのびるための「教科書」だ。

コロナと生きる

内田　樹
岩田健太郎

人と「ずれる」ことこそ、これからのイノベーティブな生き方だ！「コロナウイルスは現代社会の弱点を突く〝21世紀の鬼っ子〟」という著者ふたりが、強まる一方の同調圧力や評価主義から逃れてゆたかに生きる術を説く。災厄を奇貨として自分を見つめ直すサバイバル指南書。

キリギリスの年金
統計が示す私たちの現実

明石順平

アリのように働いても、老後を公的年金だけで過ごすことは絶対不可能。円安インフレ、低賃金・長時間労働、人口減少……複合的な要素が絡み合う「年金制度」の未来とは。さらに、コロナ禍でますます悪化する日本財政の末路を豊富なデータをもとに徹底検証。

大阪から日本は変わる
中央集権打破への突破口

吉村洋文
松井一郎
上山信一

停滞と衰退の象徴だった大阪はなぜ蘇ったか。経済や生活指標の大幅改善、幼稚園から高校までの教育無償化、地下鉄民営化などの改革はいかに実現したか。「大阪モデル」をはじめ、新型コロナで国に先行して実効性ある施策を打てた理由は。10年余の改革を総括する。

朝日新書

読み解き古事記　神話篇

三浦佑之

「古事記神話は、日本最古の大河小説だ！」ヤマタノヲロチ、稲羽のシロウサギ、海幸彦・山幸彦など、古事記研究の第一人者が神話の伝える本当の意味を紐解く。イザナキ・イザナミの国生みから、アマテラスの子孫による天孫降臨まで、古事記上巻を徹底解説。

妻に言えない夫の本音
仕事と子育てをめぐる葛藤の正体

朝日新聞「父親のモヤモヤ」取材班

男性の育児が推奨される陰で、男性の育休取得率いまだ7%。なぜか？　今まで通りの仕事を担いつつ、いざ育児にかかわれば、奇異の目や過剰な称賛にさらされる。そんな父親たちが直面する困難を検証し、子育てがしやすい社会のあり方を明らかにする。

学校制服とは何か
その歴史と思想

小林哲夫

制服は学校の「個性」か？「管理」の象徴か？　かつて生徒は校則に反発し服装の自由を求めてきた。だが昨今では、私服の高校が制服を導入するなど、生徒側が自ら管理を求める風潮もある。時代と共に変わる「学校制服」の水脈をたどり、現代日本の実相を描く。

文化復興　1945年
娯楽から始まる戦後史

中川右介

8月の敗戦直後、焦土の中から文化、芸能はどう再起したか？　75年前の苦闘をコロナ後のヒントに！「玉音放送」から大みそかの「紅白音楽試合」までの139日間、長谷川一夫、黒澤明、美空ひばりら多数の著名人の奮闘を描き切る。胸をうつ群像劇！

朝日新書

疫病と人類
新しい感染症の時代をどう生きるか

山本太郎

新型インフルエンザ、SARS、MERS、今回のコロナウイルス……近年加速度的に出現する感染症は、人類に何を問うているのか。そして、過去の感染症は社会にどのような変化をもたらしたのか。人類と感染症の関係を文明論的見地から考える。

教員という仕事
なぜ「ブラック化」したのか

朝比奈なを

日本の教員の労働時間は世界一長い。また、教員間のいじめが起きたりコロナ禍での対応に忙殺されたりと、労働環境が年々過酷になっている。現職の教員のインタビューを通し、現状と課題を浮き彫りにし、教育行政、教育改革の問題分析も論じる。

ルポ トラックドライバー

刈屋大輔

宅配便の多くは送料無料で迅速に確実に届く。だが、IoTの進展でネット通販は大膨張し、荷物を運ぶトラックドライバーの労働実態は厳しくなる一方だ。物流ジャーナリストの著者が長期にわたり運転手に同乗取材し、知られざる現場を克明に描く。

坂本龍馬と高杉晋作
「幕末志士」の実像と虚像

一坂太郎

幕末・明治維新に活躍した人物の中でも人気ツートップの坂本龍馬と高杉晋作。生い立ちも志向も行動様式も異なる二人のキャラクターを著者が三十余年にわたり蒐集した史料を基に比較し、彼らを軸に維新の礎を築いた志士群像の正体に迫る。